CHANSONS

LES INDUSTRIES
DE LA RUE

PAR

LES MEMBRES DU CAVEAU

MOTS DONNÉS

PARIS

Ch. GROU, Libraire-Editeur de Musique et Chansons
5, Faubourg Montmartre, 5

TYP. JULES-JUTEAU ET FILS, PASSAGE DU CAIRE, 29 ET 31

1869

LES

INDUSTRIES DE LA RUE

CHANSONS

LES INDUSTRIES
DE LA RUE

PAR

LES MEMBRES DU CAVEAU

MOTS DONNÉS

PARIS

Ch. GROU, Libraire-Editeur de Musique et Chansons
5, Faubourg Montmartre, 5

—

Typ. JULES-JUTEAU et fils, passage du Caire, 29 et 31

—

1869

AVERTISSEMENT

Les Chansons que contient ce recueil ont été faites sur des MOTS tirés au sort, et chantées au Banquet annuel (dit BANQUET D'ÉTÉ) qui a eu lieu le samedi 19 juin 1869, chez M. GÉRARD, restaurateur, au MOULIN VERT, à la porte Dauphine, avenue de l'Impératrice.

LES INDUSTRIES DE LA RUE

MOTS DONNÉS

ALLOCUTION DU PRÉSIDENT

Si je n'abhorrais la chose prévue,
Les sentiers battus et déterminés,
Je pourrais, ce soir, passer en revue
Le gros escadron de nos mots donnés;

Décerner des prix, et des récompenses,
En anticipant sur vos jugements,
Et, sans m'imposer de fortes dépensés,
Vous distribuer force compliments.

Pourquoi me donner l'air d'un pédagogue,
Et monter en chaire, en ce jour joyeux,
Pour vous débiter un fade prologue?
Un prologue en vers, c'est bien ennuyeux!

A bon vin, dit-on, pas besoin d'enseigne.
Le Caveau n'est pas le parc de Saint-Cloud
Que de grands fossés il faut que l'on ceigne ;
Et toute préface est un saut-de-loup.

Donc, ne perdons pas le temps qui s'envole ;
La chanson attend, vos rondeaux sont prêts,
Aux bardes d'abord donnons la parole ;
Chantez ! — les bravos viendront mieux après.

Puis, un général songe à la retraite :
Clairville, ce soir, repart pour Enghien,
Protat pour Bondy — près de la poudrette —
Et je crois qu'au Pecq s'en retourne Héguin.

Bref, nous sommes tous loin de nos demeures ;
Il est au cadran bon de regarder,
Car le dernier train passe vers onze heures ;
Il ne faut donc pas trop nous attarder.

De peur de coucher à la belle étoile,
— Ce qui serait triste — amis, commençons !
Les trois coups frappés, je lève la toile ;
A bas les discours ! vivent les chansons !

Eugène GRANGÉ,
Membre titulaire, Président.

L'ALLUMEUR POUR LES ÉTALAGES

Air de *La Femme à barbe.*

Quand pour vous chanter l'allumeur,
Je demande à Juin qu'il m'allume,
Il me refuse sa chaleur,
Voile son soleil et m'enrhume.
Sur un discoureur assommant
Vous voulez que j'entonne un chant;
Mais, nom de nom! je le déteste
Et je le fuis comme la peste.
Si, comme moi, du fond du cœur,
Vous abominez l'allumeur,
Ce personnage monotone
Jamais n'allumera personne.

Avec le marchand de chansons
Je trouvais un thème facile;
Avec le marchand de marrons
Je pouvais vous faire une idylle.
Votre prosaïque allumeur
Eveille ma mauvaise humeur;

N'en trouvant rien de bon à dire,
Je suis capable d'en médire,
Il a beau, comme un Espagnol,
Poser et se pousser du col,
Je dis : ce fils de la Garonne
Jamais n'allumera personne.

En flânant sur le boulevard
J'avise un marchand de cirage ;
Je vais pour jeter un regard
Sur son reluisant étalage :
Entrez monsieur, dit l'allumeur,
En visitant l'intérieur
Vous trouverez en abondance
Les meilleurs cirages de France,
Je ne voulais que regarder,
Je m'empresse de m'évader :
Ce Monsieur, que ma fuite étonne,
Jamais n'allumera personne.

Partout je trouve l'allumeur,
Par devant, à côté, derrière,
L'un prônant le Rob Laffecteur,
Et l'autre la Revalescière.
L'un me dit : plus de cheveux blancs !
Et l'autre : plus de maux de dents !
« Prenez mon lait antéphélique,
« Prenez mon nectar d'Amérique,

« Guérissez, mais n'arrachez pas ;
« Plus de varices dans mes bas. »
Mais sa voix qui partout résonne
Jamais n'allumera personne.

« Entrez, entrez, mon magasin
« Est le plus vaste de la France »
— « Méfiez-vous de mon voisin ;
« L'Europe n'en a pas d'immense
« Comme le mien. » C'est entendu,
Je crois le voisin confondu ;
Sur le pavois pour se remettre,
A ses clients il vient promettre
Le magasin de l'avenir
Qu'un monde ne peut contenir....
Cette promesse folichonne
Jamais n'allumera personne.

Je sais bien d'autres allumeurs,
J'en voudrais signaler la clique ;
Mais, à ce banquet de viveurs
D'où l'on exclut la politique,
On me traiterait d'insurgé
En me menaçant de GRANGÉ (1) ;
Bien qu'à ce sujet il m'allume
Parfois, en y trempant sa plume,
Je me soumets à la rigueur

---

(1) Président du Caveau.

De son programme, et l'allumeur
Que, par son ordre, je chansonne
Jamais n'allumera personne.

Je chantais ceci l'autre soir
En faux-bourdon, à ma fenêtre,
Me disant, dans mon désespoir :
Ah ! si j'avais mieux fait, peut-être,
Je me verrais, avec orgueil
En tête de notre recueil,
Dans l'intérêt de la boutique,
Chargé d'allumer la pratique.
Je me suis mis le doigt dans l'œil
Et j'ai sombré sur un écueil :
Ma chansonnette, moins que bonne,
Jamais n'allumera personne.

FRÉDÉRICK BROUSMICHE,
Membre associé.

L'ARRACHEUR DE DENTS

Air d'*Octavie*.

Eh! zinn boum boum! En avant, la musique!
Certes, Messieurs, j'ai bien des concurrents;
Mais je suis roi de la place publique.
Saluez tous : c'est l'arracheur de dents!

Mon spécifique est unique sur terre;
Cent calembourgs ornent mon boniment.
Pour nous tromper, on prend un air austère,
Mais, moi, du moins je vous trompe gaîment.

Combien j'en vois, dans la mêlée humaine,
A qui l'on rend des honneurs éclatants,
Hâbleurs heureux que la fortune mène
Et qui ne sont que d'adroits charlatans!

Pour un succès que le hasard lui livre,
Tel général se suppose un héros.
Sans le hasard, a dit un bon vieux livre,
Que de héros ne seraient que zéros !

Ce candidat à qui plus rien ne coûte
Et qui promet aux électeurs naïfs,
Canal, église, asile, école et route,
La liberté, plus d'impôts excessifs ;

Ce lovelace au séducteur langage
Qui, pour fléchir une tendre vertu,
Sur ses grands dieux promet le mariage
Et puis après lui dit turlututu ;

Ce publiciste, enflé d'indépendance,
Qu'on vit traiter tous les rois de tyrans
Et qui, plus tard, célébra leur puissance,
Quand il eut d'eux trois ou quatre rubans.

Tant de savants qui se croient infaillibles,
Docteurs bâtés d'un aplomb merveilleux,
Et, chaque jour par des drogues horribles,
Dans l'autre monde envoient des malheureux ;

Cet exploiteur des vanités humaines,
Fin successeur des Chérins, des D'Hoziers,
Qui, pour cent francs, fait descendre de reines
Les enrichis, las d'être roturiers ;

Ce vieux barbon qui cajole une belle,
Fait le fendant, veut tout prendre d'assaut,
Limier vieilli, quêtant la bagatelle,
Et qui tout bas craint d'être pris au mot;

Les prétendants en quête d'un royaume,
Qui jurent Dieu que, s'ils sont rétablis,
Ils couvriront en or les toits de chaume,
Et nous rendront les jours du paradis;

Tous ces maris, feignant d'aimer leur femme,
Parlant toujours de leur fidélité,
Et qui s'en vont gaîment tromper madame
Qui, chaque jour, trompe de son côté;

Ce financier, fils de Robert-Macaire,
Et qui fertile en projets alléchants,
Promet la lune à chaque actionnaire,
Râfle la caisse et prend la clef des champs;

Ce politique au baromètre instable,
D'abord ami des rouges et des blancs,
Puis, devenu candidat agréable,
Comme le sont messieurs les chambellans;

Ce philanthrope, orné d'une grande âme,
Qui, quand il donne aux pauvres un louis,
Se fait gratis une longue réclame
Dans les journaux les plus lus de Paris;

Ce gros marchand, dont le fonds se liquide
Meilleur marché que l'objet n'a coûté,
Et qui sans doute, espère, homme candide,
Se rattrapper dessus la quantité ;

Ces muscadins, parés d'une brochette
D'ordres souvent du plus douteux aloi,
Fiers chevaliers portant bien haut la tête,
Mais décorés sans qu'on sache pourquoi ;

Ce Turcaret qui, d'une énorme bête
Se connaissant le désolant renom,
D'un auteur pauvre à beaux deniers achète
Un libretto qu'il signe de son nom ;

Ces grands phraseurs qui, sous la République,
Criaient si bien : à bas les aristos !
Et qui, plus tard, changeant de rhétorique,
Princes ou ducs, adoraient les châteaux ;

Ce possesseur d'un superbe vignoble
Qui, selon lui, dégomme les bordeaux,
Vendant très cher une barrique ignoble
Où l'on a fait jouer les grandes eaux ;

Ces beaux messieurs qui de leur boutonnière
Font, pour deux sous, un parterre de fleurs,
Pour dire à tous sur le ton du mystère
Que ce sont là d'amoureuses faveurs ;

Ces directeurs de journaux populaires
Qui, pour capter les lecteurs innocents,
Couvrent les murs d'affiches sanguinaires
Ou de rébus proposés aux passants ;

Ces gouvernants très experts en bascules,
Dont le modèle est je ne sais plus où,
Et qui louvoient, en dorant les pillules,
Pour ménager et la chèvre et le chou ;

Combien de gens qui sont de mon espèce
Et qu'il faudrait quelque peu bafouer !
Tous, comme moi, battent la grosse caisse,
Mais ils n'ont pas le cœur de l'avouer !...

Eh ! zinn boum boum ! En avant la musique !
Certes, Messieurs, j'ai bien des concurrents ;
Mais je suis roi de la place publique.
Saluez tous : c'est l'arracheur de dents !

O. DE POLI,
Membre associé.

LE BALAYEUR ET LA BALAYEUSE

Air : **Bouton d'or**.

Balayeur et balayeuse,
    Que le gandin fuit,
Travailleur et travailleuse,
    De Paris la nuit;
Au joyeux aréopage
    Ici rassemblé,
Je viens offrir en hommage
    Vos coups de balai !

Quand tout dort dans la nature,
    D'un bras courageux,
Dédaignant l'éclaboussure
    Du ruisseau fangeux,
Sans jalousie et sans haine,
    De par Haussman-Bey,

Vous faites de l'hygiène
   A coups de balai!

Dans ce monde hétérogène
   Plus d'un citoyen,
Sujet de l'état de gêne,
   Reste homme de bien;
Qui, jadis, roula calèche,
   Vieilli, raffalé,
Aujourd'hui combat la dèche
   A coups de balai!

Pendant que Margot la grue
   Souille le trottoir,
Par tes soins, Gretchen, la rue
   Fait plaisir à voir.
Je t'honore et je te loue,
   Vierge au teint hâlé,
Couvre le vice de boue
   A coups de balai!

Blonds enfants de l'Allemagne,
   Qui venez chez nous
Comme au pays de Cocagne,
   Prenez garde à vous!
Un gros tube mécanique,
   De crin noir doublé,
Va vous faire à tous la nique
   A coups de balai!

On cite l'Hercule antique
Comme un balayeur;
Dans notre ère politique,
J'en sais un meilleur :
C'est l'universel suffrage,
Jadis étranglé,
Qui fait d'excellent ouvrage
A coups de balai !

JULES RUEL,
Membre associé.

LE BOUQUINISTE

AIR : *Pomaré, Maria, Mogador et Clara* (de NADAUD).

Bouquiniste ergoteur,
Je ris de tout auteur
Et de tout acheteur
Dont je suis le très humble serviteur.

Pour tout client je suis d'humeur railleuse;
Toujours plaisant, je dis au perruquier :

Prenez Barbier, — et vous, la blanchisseuse
Ne cherchez pas ! votre affaire est Cuvier !
  Vous, ancien freluquet
  Consultez le Riquet :
  Et vous, époux vieilli,
 Contentez-vous du vertueux Bouilly !

J'offre toujours Racine aux herboristes,
Aux tripiers Foy — Fox aux marchands de chiens ;
Martin aux *ours* — Millevoye aux choristes
Et j'ai Milton pour nos musiciens.
  L'Épée est aux bretteurs,
  Laharpe à nos chanteurs,
  A maint auteur Dufour,
 Petit aux nains — aux gens polis Bonjour !

A tous les fous je présente Lesage,
Chateaubriand est pour les grands seigneurs,
Au vieux garçon je conseille Ménage,
Et j'offre Thiers à tous les partageurs :
  A nos buveurs Boileau,
  Aux artistes Lebeau,
  Aux gens pressés Courrier,
Cousin est pour la fille à marier.

Cervantes va très bien aux chambrières,
Ribot est pour les buveurs un peu ronds,
Lemercier plaît toujours aux couturières,

Et D[ELAVIGNE]{.smallcaps} à nos bons vignerons;
    C[OUTURE]{.smallcaps} à nos tailleurs,
    C[ORNEILLE]{.smallcaps} aux empailleurs,
    A nos peintres R[APIN]{.smallcaps},
R[ICHARD]{.smallcaps} au riche, — au malheureux D[UPIN]{.smallcaps}!

A nos mineurs je montre D[ESHOUILLIÈRES]{.smallcaps};
D[ARGAUD]{.smallcaps} se lit par messieurs les floueurs;
Je sais montrer L[EROUX]{.smallcaps} aux cuisinières,
Et puis offrir D[ESCARTES]{.smallcaps} aux joueurs.
    C[AMUS]{.smallcaps} à tout nez long,
    Au nez trop court, T[ROPLONG]{.smallcaps},
    H[ANON]{.smallcaps} aux écoliers,
Et B[OLIVAR]{.smallcaps} à tous les chapeliers.

Au porteur d'eau je montre L[AFONTAINE]{.smallcaps},
J'offre L[AMARQUE]{.smallcaps} à la maison de jeu,
C[ASTEL]{.smallcaps} sourit à tous gens de domaine,
Mais aux boudoirs je vends toujours C[HAULIEU]{.smallcaps};
    L[ACAILLE]{.smallcaps} aux fins tireurs,
    V[OLTAIRE]{.smallcaps} aux laboureurs,
    R[UYNARD]{.smallcaps} à nos huissiers,
L[ACORNE]{.smallcaps} va très bien aux épiciers.

C[HAUVIN]{.smallcaps} est lu par les vieux de Cambronne,
B[ATAILLE]{.smallcaps} émeut nos ardents tirailleurs,
Avec C[LAIRON]{.smallcaps} le sang zou-zou frissonne;

Toujours LAPLACE est à nos artilleurs.
  RASTIBONNE au piou-piou
  Paraît plaire beaucoup,
  Et je mets MARÉCHAL
 Sur les chevrons du petit caporal.

Venez, venez, irréconciliables !
Je donne HEINE aux ennemis des rois !
A moins, pourtant, que plus doux, plus traitables,
Vous ne preniez DESPLACES ou LACROIX...
  Demandez, amateurs,
  Demandez vos auteurs,
  Le meilleur est DARGENS,
 Celui-ci plaît toujours à tous les gens.

A. VILMAY,
Membre titulaire.

LE CARRELEUR DE SOULIERS

Air de *Madame Grégoire*.

V'là l' carr'leur d' souliers ;
Cri d' Paris, chaqu' jour, à l'adresse

     Des particuliers
Dont la chaussure est en détresse.
     A ce cri surhumain,
     Se présentent soudain
Commis, rentier, courtaud d'boutique,
L' clerc d'huissier, un' fameus' pratique,
     Clients réguliers
Du carr'leur de souliers.

     Cet industriel,
Qui d' l'atelier fuit l'esclavage,
     S' procur', grâce au ciel,
En s' prom'nant, toujours de l'ouvrage;
     Préférant son métier
     A celui de bottier;
S'il n'y gagn' qu'un' maigre pitance,
Il lui donn' grande indépendance;
     Zut aux ateliers!
Dit le carr'leur d' souliers.

     Il peut se choyer
Dans l' modeste état qu'il exerce,
     N' payant ni loyer,
Ni patent' pour son p'tit commerce;
     Il trouve n'importe où,
     Un dessous d' porte, un trou,
Il s'y fourre, et s'en félicite,

Car ces r'fug's ont du moins l' mérite
    D'être hospitaliers
Pour le carr'leur d' souliers.

    Philosophe, i' n' tient
Qu'à gagner tranquill'ment sa vie;
    Prend l' temps comme il vient,
A personne il ne porte envie;
    Rit d' bon cœur, en s' moquant
    Du luxe et du clinquant,
Des perruqu's rouss's, du maquillage,
Et d'autres semblants en usage,
    Dont s' pass' volontiers
Le carr'leur de souliers.

    Exempt d' passions,
On ne l'a pas vu, d'aventure,
    Aux élections,
S' bûcher pour un' candidature;
    Ne voyant aucun mal,
    Lorsque tout est légal,
Qu' ce soit Pierre ou Paul qui l'emporte,
Fût-il bleu, blanc, roug', d'où qu'il sorte!
    Sont-ils singuliers,
Ces carr'leurs de souliers!

    Si l' carr'leur d' souliers,
A gogo, n'a pas d' vin à boire,

Comm' les sommeliers,
Renommés pour leur avaloire,
Il a, comm' bon chrétien,
Son pain quotidien,
Qu'il arros', parfois, d'un' bouteille
En chantant, le soir, quand il veille,
Un r'frain d' Désaugiers;
Tel est l' carr'leur d' souliers.

PARISET,
Membre associé.

LE CHIFFONNIER

Air : *Ce magistrat irréprochable.*

Lorsque porteur de ma lanterne,
La nuit, j'erre de tout côté,
J'ai d'un Diogène moderne
Le costume et la.... propreté :
Ne pouvant faire ma Sophie,

Et n'ayant ni sou ni denier,
Je loge ma philosophie
Dans la hotte du chiffonnier.

Comme il est constant qu'en ce monde
Rien n'est complètement parfait,
Sur nous lorsqu'on jette la sonde,
On peut rencontrer en effet
Quelque crapule; mais, en somme,
On trouve, on ne peut le nier,
Bien plus souvent un honnête homme
Sous la hotte du chiffonnier.

D'un croc impartial je pique
Les loques, les os, les trognons,
Même un objet microscopique,
Même parfois de faux chignons.
Quelle que soit leur provenance,
Le boudoir ou bien le grenier,
Pour eux l'égalité commence
Dans la hotte du chiffonnier.

Ces lambeaux d'une mine étrange,
Ces haillons flétris, déformés,
Maculés d'ordure et de fange,
En papier seront transformés;

On pourra, c'est chose certaine,
Sans nul dégoût les manier,
Lorsqu'il auront fait quarantaine
Dans la hotte du chiffonnier.

Je ramasse les chats sans vie
Que je rencontre sur mes pas,
Même, au besoin, je les convie
A passer de vie à trépas :
Je connais plus d'une gargotte
Où, sans fusil et sans carnier,
On se fournit de gibelotte
Dans la hotte du chiffonnier.

Rubans et fleurs, dans une fête,
Bien souvent ensemble ont orné
Une pure et candide tête,
Ou le front de quelque Phryné.
Toute la nuit on les encense,
Le matin, jetés au panier,
Ils vont renouer connaissance
Dans la hotte du chiffonnier.

Le jour vient, chez le liquoriste
Où je vais m'installer alors,
Loin de me montrer rigoriste,
Je mange, je bois et je dors.

A mes fatigues faisant trève,
J'erre sous un ciel printanier,
Et sème quelques fleurs.... en rêve
Sur la hotte du chiffonnier.

LOUIS PROTAT,
Membre titulaire.

LE COMMISSIONNAIRE

Air : *Mon père était pot.*

Ce prolétaire, au teint vermeil,
    De modeste tenue,
Qu'on voit se chauffer au soleil
    A l'angle de la rue,
      Et, qui, patient,
      Marche d'un pas lent
    Comme un factionnaire,
      Chacun le connaît
      Et l'estime, c'est
    Le commissionnaire !

Toujours ferme sous son crochet,
 Ce brave agent cumule
La fidélité du barbet
 Et la force d'Hercule.
  Lorsque le client
  Se montre, il suspend
 Sa sieste passagère,
  Et l'on voit, soudain,
  Courir comme un daim
Le commissionnaire !

Bien différent des tonneliers
 Qui prennent dans nos caves,
Pour les porter dans leurs celliers,
 Nos vieux Bordeaux, nos Graves,
  Joseph tirera
  Et ne goûtera
 Pas plus qu'à de l'eau claire,
  Tokai, Chambertin,
  Volnay, Marasquin,
Le commissionnaire !

Étroitement à nos destins
 Ce factotum se lie ;
Il tient souvent, dans ses deux mains,
 Les fils de notre vie.
  Bourgeois ou banquiers,

Marquis ou portiers,
C'est chose légendaire,
Jamais n'ont douté
De la probité
Du commissionnaire !

Avez-vous, langoureux amant,
Un billet à transmettre,
Joseph, ce messager galant,
Va bientôt s'entremettre ;
Et si le mari
Paraît ahuri
Dans le cours de l'affaire,
Il joue au plus fin,
Car il est malin,
Le commissionnaire !

Du terme, lorsque vient le jour,
(Pour tous quelle insomnie !)
Et qu'il faut changer de séjour,
Fût-on à l'agonie ;
A monsieur Mondor
Il tire de l'or,
Mais quant à l'ouvrière,
Il n'est, pour l'argent,
Jamais exigeant,
Le commissionnaire !

Quand il a porté sur son dos
    Le poids des Pyramides.
Il songe à jouir du repos
    Comme les invalides ;
      Il quitte Paris,
      Retrouve au pays
    L'humble toît de son père.
    C'est là que, sans bruit,
    Doucement finit
    Le commissionnaire !

                    DUVELLEROY,
                    Membre associé.

LE CRIEUR PUBLIC

Air de *la Femme à barbe.*

Je suis crieur, c'est mon métier ;
D'un' voix qu' *l'eau d'af* n'a pas flétrie,
J'annonc', de quartier en quartier,
Tout's les nouvell's de ma patrie,

Du *grand off* j' débit' les extraits,
Ou des tribunaux les arrêts,
Les canards de toute nature,
Avec permis d' la préfecture.
Allons, bourgeois, approchez-vous,
Ach'tez, ça ne se vend que deux sous !
Mes canards sont bons à connaître :
Voilà ce qui vient de paraître !
Oui, voilà c' qui vient de paraître !

Voilà le nouvel arrêté
Concernant les propriétaires,
Et leur ôtant la faculté
D'augmenter les pauvr's locataires.
La condamnation d'un caissier
Qui s' payait du Crédit foncier ;
Et — c' qu'épat'ra les moralistes —
L'acquitt'ment de trois journalistes.
Allons, bourgeois, approchez-vous !
Ach'tez, ça n' se vend que deux sous !
Mes canards sont bons à connaître :
Voilà ce qui vient de paraître !
Oui, voilà c' qui vient de paraître !

Achetez, mesdam's, achetez
L' jug'ment de deux femmes du monde,
Qui, chez un marchand d' nouveautés,

Ont volé cent mètres de blonde.
Voilà l'arrêt du tribunal,
En vertu du Code pénal,
Les condamnant, sans plus d' manières
Qu' si c'étaient de simpl's cuisinières.
Allons, mes p'tit's mèr's, fouillez-vous!
Ach'tez, ça n' se vend que deux sous!
C' jug'ment-là, c'est bon à connaître;
Voilà ce qui vient de paraître!
A l'instant ça vient de paraître!

V'là la récent' nomination
De Gautier à l'Académie,
Et son discours de réception
Sur l'art de guérir l'ophthalmie!
V'là la liste de souscription,
S'élevant à plus d'un million,
Pour l'monument à Lamartine,
Cet enn'mi de la guillotine!
Allons, bourgeois, approchez-vous,
Cett' liste ne coût' que deux sous!
Vot' civisme s'y fait r'connaître;
Voilà ce qui vient de paraître!
Oui, voilà c' qui vient de paraître!

Ach'tez les deux décrets tout chauds
Réduisant d' moitié la milice,

Et le trait'ment d' nos maréchaux!...
Ach'tez l'ordonnanc' de police
Éloignant d' Paris tout métier
Pouvant fair' sauter un quartier,
Marchands d' picrate et d' fulminate,
Et d' toute autr' mort subite en *ate*...
Allons, bourgeois, réjouissez-vous
Ach'tez, ça n' se vend que deux sous!
A Chaillot les marchands d' salpêtre!
Voilà ce qui vient de paraître!
A l'instant ça vient de paraître!

Voilà les numéros sortants
De l'emprunt de l'Hôtel-de-Ville,
Avec le lot d' deux cent mill' francs
Gagné.... par un' femm' du Vaud'ville!
V'là la circulair' des préfets
Prescrivant aux mair's stupéfaits,
En matières électorales,
Les mesur's les plus libérales,
Allons, électeurs, fouillez-vous!
Tout ça ne se vend que deux sous!
Cette lettre est bonne à connaître;
Voilà ce qui vient de paraître!
Oui, voilà c' qui vient de paraître!

Mais, sapristi! je m'aperçois
Qu'au lieu d'un crieur authentique,

J' viens d'crayonner, en vrai gaulois,
L' portrait d'un crieur fantastique.
Entre ses confrèr's de Paris
Et mon crieur, entre leurs cris,
Il n'est aucune ressemblance,
Ses canards manqu'nt de vraisemblance....
Tel quel, prenez-le cependant,
Faute de mieux... en attendant
Qu'un jour il ressemble... peut-être,
Prenez ce qui vient de paraître!
Voilà ce qui vient de paraître!

EUGÈNE GRANGÉ,
Membre titulaire, Président.

LE DÉCROTTEUR

Air : *Maman, le mal que j'ai, c'est la gripette.*

J'ai les doigts déliés,
Venez, pratique,
A ma boutique!

A tous particuliers,
　Je cire bottes et souliers.

Par civisme, en quatre-vingt-neuf,
On vit la nation française
Abandonner la *cire à l'œuf*,
Pour adopter *la cire anglaise*.

　J'ai les doigts, etc.

Sous la République, parfois
Chacun semblait être en délire :
Car tout en proscrivant les rois,
Tout patriote disait : *cire!*

　J'ai les doigts, etc.

Désintéressé dans mes goûts
A ma verve je m'abandonne :
Modeste artiste, pour deux sous,
Quel beau coup de brosse je donne !

　J'ai les doigts, etc.

Sur ma sellette, chaque jour
Maint tendron pose ses semelles ;
Par état plus que par amour,
Je me mets aux pieds de nos belles.

　J'ai les doigts, etc.

Nos courtisans, nos insulteurs,
C'est bien à tort qu'on les bafoue;
Que deviendraient les décrotteurs
Si l'on ne marchait dans la boue?

    J'ai les doigts, etc.

Je dis à ces chanteurs béats
Dont la voix paraît peu virile :
Je décrotte.... mais pour les chats,
J'ai ma femme qui *va-t-en-ville* !

    J'ai les doigts, etc.

Plus d'un Turcaret sans pitié,
S'enfuit avec l'or qu'on lui donne;
Ici, quand on lève le pied,
Ça ne fait de tort à personne.

    J'ai les doigts, etc.

Sur le Mac-Adam que de fois
Déblatéra dame Sottise!
Je laisse pester le bourgeois,
Pour moi, c'est la terre promise.

    J'ai les doigts, etc.

Bien qu'en mon talent parvenu
Aux degrés les plus confortables,
J'ai vu maint sot, maint parvenu
Que je trouvais indécrottable.

   J'ai les doigts, etc.

Alors que mes concitoyens
Ne réclament pas mon office,
Je m'exerce à tondre les chiens...
Et suis tout à votre service.

   J'ai les doigts déliés,
     Venez, pratique,
      A ma boutique!
     A tous particuliers
   Je cire bottes et souliers.

JUSTIN CABASSOL
Membre honoraire.

L'ÉCAILLÈRE

AIR des *Premières armes du Diable*

   Cric-crac! accourez!
   Cric-crac! entourez
    La belle écaillère,

Videz sa cloyère :
C'est pour l'estomac
Du velours. — Cric-crac!
Crac!

Je trône en reine sous la porte
    Des traiteurs;
Je connais toute la cohorte
    Des viveurs.
Ma présence aux gourmands présage
    Fin repas;
Plus d'un veut palper mon corsage,
    Plein d'*appas*...
Moi, je réponds à maint bélître :
    « Halte-là!...
Mais plutôt, je viens d'ouvrir l'huître,
    Gobez-la!... »

Cric-crac! accourez! etc.

J'ai crié, sous plus d'un monarque,
    Pour vous tous :
« La barque! A la barque! à la barque!...
    A quatr' sous
La douzaine!.... » Et même, ô rapine!
    Un merlan
Par-dessus réclamait chopine
    De vin blanc!...

C'est fini!... Moi qui dans les rues
        Cascadais,
Je vois défiler banquiers, grues,
        Cocodès!...

    Cric-crac! accourez! etc.

En cabinet grimpent actrices,
        Directeurs,
Auteurs, orateurs, oratrices
        Et chanteurs.
Que vois-je? la pudique Rose,
        Œil d'azur
Brillant sous sa voilette close,
        Puis Arthur!..
Pauvrette! son cœur lui doit faire
        Grand tic-tac :
Bientôt elle aura son affaire
        Dans le sac.

    Cric-crac! accourez! etc.

Plus d'une, après s'être risquée
        Sous ce toit,
Disant : *vous*, la pomme croquée,
        Répond : *toi!*
Plus d'un, dont l'or ne s'était guère
        Fourvoyé,

En sort, par un Robert-Macaire
    Nettoyé...
Un philosophe, que lutine
    Le pomard,
Pérore avec une trombine
    De homard.

    Cric-crac! accourez! etc.

Quand, pour un écu, ma bourriche
    S'enlevait,
Le dandy, l'aristo, le riche
    S'en privait.
Plus renchérissent mes mollusques,
    Plus, certains
Pour les gober vendraient leurs frusques;
    Les crétins!...
Ils nous prouvent, ceux qui s'arrangent
    Des hauts prix,
Qu'en tout temps les huîtres se mangent
    A Paris.

    Cric-crac! accourez!
    Cric-crac! entourez
    La belle écaillère;
    Videz sa cloyère :

C'est pour l'estomac
Du velours. — Cric-crac!
Crac!

E. VIGNON,
Membre titulaire.

LES HARPISTES PIÉMONTAIS

Air : *Mon père était pot.*

En voyant les Pifferari
　La harpe sur l'épaule,
Vous avez sans doute souri
　De leur grotesque rôle :
　　On croirait vraiment
　　Que leur instrument
Fera cheoir ces artistes !
　　Dieu leur tend la main
　　Et rend l'homme humain
Pour les petits harpistes.

A certains concerts en renom
   Lorsque l'on me convie,
J'arrive dans un beau salon
   Où souvent je m'ennuie ;
     Mais je ris toujours
     De ces troubadours
Dont les chants sont moins tristes.
     Dieu leur tend la main
     Et rend l'homme humain
   Pour les petits harpistes.

Ce qui me charme à leur aspect.
   Ce n'est pas leurs guenilles,
Mais c'est leur amour, leur respect
   Pour leurs pauvres familles :
     Grâce à quelques sous,
     Ces gentils voyous
Deviennent optimistes :
     Dieu leur tend la main
     Et rend l'homme humain
   Pour les petits harpistes

Au bout d'un an, tout réjouis
   De leur mince salaire,
Ils s'en retournent au pays
   Embrasser père et mère ;

Ils sont plus heureux
Que des vaniteux,
Gros banquiers ou légistes ;
Dieu leur tend la main
Et rend l'homme humain
Pour les petits harpistes.

Ils sont surtout très amusants
Alors que dans la rue
On les voit danser en tous sens
Sur l'air du *Pied qui r'mue;*
Mais leur chant hardi
Pour Garibaldi
Ne plaît qu'aux anarchistes;
Dieu leur tend la main
Et rend l'homme humain
Pour les petits harpistes.

Bref, au plus grand musicien
Parfois je les préfère :
Ils vont en mesure aussi bien
Qu'au théâtre Molière;
Ils ont de l'entrain,
Chantent un refrain
Mieux que des rossinistes :

Dieu leur tend la main
Et rend l'homme humain
Pour les petits harpistes.

LAGARDE,
Membre honoraire.

L'HOMME AU TÉLESCOPE

Air : *Ah! qu'il est doux de vendanger ?*

Jadis, bien avant soixant'-neuf,
   Au milieu du Pont-Neuf,
A l'heure où de son voile épais
   L'ombre nous enveloppe,
   Le soir, j'allais en paix,
   Monter mon télescope.

Près d'Henri quatre, pour deux sous,
   A toutes comme à tous,
L'œil à la lunett', l'autre clos,
   Je criais, dès la brune,

En présentant mon dos :
Voyez, voyez la lune !

Pour la ville et pour les faubourgs,
   J'avais des calembourgs ;
Et, quand me fuyait le passant,
   J' disais, l' rire à la bouche :
   Pas besoin d'instrument
   Pour voir qu' *l'étoil' se touche.*

Au boucher j' montrais le *Taureau ;*
   Au cocher, *l' Chariot ;*
Au gandin j'indiquais *le Lion,*
   Dont l' zodiaque s'orne ;
   Aux lutteurs, *Orion ;*
   Aux maris *l' Capricorne.*

A l'amant j' désignais *Vénus ;*
   Mars au soldat. — En sus,
J' leur montrais les points éclatants
   De l'horizon nocturne ;
   J' finissais par *le Temps*
   Qui rentrait dans *Sa turne.*

Pour montrer *Persée* au marmot,
   J' prenais un' chais' dito ;
Et, quand un public exigeant

Voulait d'autres sornettes,
J' disais : au restaurant
Vous trouv'rez des *planètes*.

Mais, aujourd'hui, j' suis un savant ;
　　On m' trouv' dorénavant,
A deux pas de l'État-major ;
　　J' camp' sur la plac' Vendôme,
　　Et j' pass' pour bien plus fort
　　Que feu *mosieu d' la Drôme*.

L'homme au télescope, se d'mand'-t'on,
　　Où diabl' se tient-il donc ?
A la colonn' si vous courriez,
　　C'est l' plus beau d' son histoire,
　　Bien sûr vous *Le verriez*...
　　Rien de l'Observatoire.

Un pain d' blanc d'Espagne à la main,
　　Vous le verriez soudain
Dessiner les tach's de Phœbus,
　　Sur le trottoir et s' faire
　　L'interprèt' sans rébus
　　De c' qui rentr' dans sa sphère.

Autrefois, l'on me badinait ;
    Mais j'enfonc' *Babinet*.
J'ai des rivaux, j' n'en crains aucun,
    A moi l' soleil, la lune !
    J'prédis l'éclips' de l'un,
    Et l'éclipse de l'une !

Quand j'ai bien montré l' firmament,
    J' dirig' mon instrument
Sur la colonn'... c'est toujours beau,
    Cet immortel pilastre !..
    Et j' pense à Waterloo,
    Qui fut le plus grand *désastre.*

J'ai longtemps servi mon pays ;
    Et maintenant, je m' dis :
La guerr', n'en faut plus, nom d'un nom !
    C'est un crime en Europe !
    Mais que fair' du canon ?
    Fait's-en un télescope !

ALEXANDRE FLAN,
Membre titulaire.

LE JOUEUR D'ORGUE

Air de *la Grâce de Dieu*.

Joyeux amis de l'harmonie,
Prêtez l'oreille à mes accents;
De l'orgue, que l'on calomnie,
C'est la cause que je défends.
Je crois cette cause plus juste
Que l'instrument... Et, sans façon,
Je viens, plein d'une foi robuste,
Au tribunal de la Chanson,
    La plaider en ce lieu
    A la grâce de Dieu!

Air de *ma Normandie*

Le joueur d'orgue, obscur soliste,
Et le dernier sur l'échelon,
Ne se pose pas en artiste,

En virtuose de salon;
Cette caste aristocratique
Fait de l'art... et des embarras;
Pour *exécuter* la-musique,
Au joueur d'orgue il suffit d'un bon bras.

Air des *Girondins*.

Je conviens qu'en épilepsie
L'orgue fait tomber les gandins;
Qui ne se souvient de la scie
Qu'on nommait l'*air des Girondins?*
  « Mourir pour la patrie,
  « Mourir pour la patrie!...»
Mais faut bien exercer sa petite industrie,
Oui, faut bien exercer sa petite industrie!

Air de *Jenny l'ouvrière*.

Belles phrynés, quand vous dormez encore
Sous le duvet d'un lit capitonné,
Le joueur d'orgue, éveillé dès l'aurore,
Dans les faubourgs a déjà cheminé.
Par l'humble toit commençant sa carrière,
Et pour l'instruire à bénir son destin,
Il vient donner à Jenny l'ouvrière
    L'aubade du matin.

Air de *Petits oiseaux, baisez-vous*

Au sein d'un jeune ménage,
N'entends-je point un débat?
On casse, on fait du tapage,
Je crois même qu'on se bat...
Pour apaiser la querelle,
Notre homme joue aux époux,
En tournant sa manivelle :
« Petits oiseaux, baisez-vous ! »

Air : *Noël* (ADOLPHE ADAM)

Qu'un créancier chez vous, un jour, pénètre,
Ou qu'un raseur vous débite des vers,
Quel sort heureux quand, sous votre fenêtre,
Un orgue vient soudain moudre ses airs !
Pour agacer des gêneurs pleins de morgue,
Du trémolo je suis grand amateur.
Qui les fait fuir ? c'est notre joueur d'orgue :
Noël ! Noël ! voilà le Rédempteur !

Air *du Chapeau de la Marguerite.*

Les jours sont courts, le soleil terne;
C'est l'hiver; entre chien et loup
L'orgue accompagne la lanterne

Magique, elle arrive partout.
Riche ou pauvre, heureux est le gîte
Où se déroulent ses tableaux
Plus il fait noir, plus il sont beaux;
Dans l'ombre on se cherche, on s'évite,.

Lorsqu'a fui le dernier décor,
Plus d'un amoureux cherche encor
Le chapeau de sa Marguerite.

Air : *Ah! qu'il fait donc bon cueillir la fraise*

    Par ses airs joyeux
Il égaie atelier, chambrette;
    Par ses airs joyeux
Il sait charmer jeunes et vieux.
      Il donne du bal
      Le doux signal
      A la grisette,
    Qu'il force à danser,
Et que gratis il fait valser.
      Il apprend
      Gaiment,
      Sans méthode,
      L'air à la mode,
      Maître breveté
De la petit' propriété.

Air du *Pied qui r'mue*.

Quand un bras n' va plus
Et que l'autre ne va guère,
Quand un bras n' va plus,
Et que l'autre est tout perclus,
Notre héros quitte alors Paris
Pour retourner dans son pays;
Mais là, remis en voix,
Chaque dimanche, en gai compère,
Il chante aux villageois
Ses refrains grivois
D'autrefois.
Quand un bras n' va plus,
Et que l'autre ne va guère,
Quand un bras n' va plus,
Le grelot n'est pas perclus.

Air de *La belle Dijonnaise*.

Messieurs, de mon client
Ai-je ici bien plaidé la cause?
Faites au virtuose
Un accueil bienveillant!
Ne montrez pas de morgue,
Et, si mon joueur d'orgue
Ne se fait acquitter,

Daignez au moins traiter,
Après ma plaidoirie,
L'orgue sans barbarie,
Sans trop de barbari-i-i-ie !

MONTARIOL,
Membre associé.

LES JOUEURS DE VIELLE

Air de *Fanchon la Vielleuse*

L'enfant de la Savoie
Qu'à Paris on envoie,
Pauvre petit garçon !
N'a pour toute industrie
Et pour vivre en toute saison
Que sa marmotte en vie,
Sa vielle et sa chanson.

L'Auvergnat, joueur d'orgue,
De la vielle, avec morgue,
Raille le faible son :
Joueur d'orgue ou de vielle,
Tous deux de la même façon
Tournent la manivelle ;
C'est la même chanson.

La vielle savoyarde
Est un peu nasillarde,
Et, sur un plus haut ton,
L'orgue écorche et morcelle
Don Juan, le Prophète, Obéron :
J'aime mieux de la vielle
La petite chanson.

Le doux chant de la vielle
A mon esprit rappelle
Les vastes horizons,
Les neiges éternelles,
La Savoie et ses frais vallons·
Sous les vertes tonnelles
Les joyeuses chansons.

Ah ! que ne puis-je encore,
Au lever de l'aurore,
Sur le sommet des monts,
Suivre la pastourelle
Qui chante en gardant ses moutons,
Et gaîment sur sa vielle
Répète ses chansons !

De Fanchon la Vielleuse
L'histoire est merveilleuse,
Car elle fut, dit-on,
Aussi sage que belle
Et devint dame du grand ton.
Quelle dot avait-elle ?
Sa vielle et sa chanson.

D'un exemple aussi rare
Notre siècle est avare,
Et plus d'une Fanchon,
Pour arrondir sa bourse,
Même en Savoie, assure-t-on,
Trouve une autre ressource,
Sans vielle ni chanson.

Mais je dois me résoudre
A cesser de vous moudre,
Et sur le même ton,
Toujours les mêmes notes ;
Ou vous pourriez à l'unisson
Tous comme des marmottes,
Dormir à ma chanson.

HÉGUIN de GUERLE,
Membre associé

LA MARCHANDE DE BOUQUETS

Air nouveau

Au bord du faubourg Poissonnière,
Les promeneurs peuvent me voir,
Moi, Francine la bouquetière,
A l'encoignure du trottoir.
J'ai vingt ans, l'œil vif, et puis dire
Qu'hommes graves et freluquets,
En passant, lancent un sourire
A la marchande de bouquets !

Je ne vends pas si cher sans doute
Que tant d'illustres concurrents ;
Un bouquet pris chez moi ne coûte
Que de deux sous jusqu'à deux francs.
Et pourtant — bizarre aventure ! —
Dans les atours les plus coquets,
Qui va le dimanche en voiture?...
C'est la marchande de bouquets !

Dans un accès d'humeur folâtre,
Au café-chantant de Clara,
Un soir, j'ai tâté du théâtre...
Mais bien fin qui m'y reprendra.
Loin d'agir en vrais gentilshommes,
Les buveurs ont, à mes hoquets,
Au lieu de fleurs jeté des pommes
A la marchande de bouquets !

Moins vaniteuse et plus habile,
Je guigne aujourd'hui Calino,
L'été, dans le jardin Mabille,
Et l'hiver, à Valentino.
Là, plus d'un gandin, qui n'affiche
Que hauts triomphes et conquêts,
Offre son cœur, au café Riche,
A la marchande de bouquets !

Parfois, oui, c'est vrai, je regrette
L'aube de mes premiers beaux jours,
Quand la rose et la pâquerette
Composaient, seules, mes atours.
Mais la fièvre du jour réclame
Bijoux, chevaux, luxe, affiquets...
Et... c'est comme une autre une femme
Que la marchande de bouquets !

Enfin mon commerce prospère,
Je m'amasse un petit magot,
Et plus tard, que sait-on ? j'espère
Happer quelque baron nigaud,
Pauvre comme Job en personne,
Qui sera, malgré les caquets,
Heureux de faire une baronne
De la marchande de bouquets !

Victor LAGOGUÉE,
Membre titulaire.

LE MARCHAND DE CARTONS A CHAPEAUX

AIR : *Je loge au quatrième étage.*

Voyez la foule qui se rue
Dans ces magasins tout dorés,
Ma boutique à moi, c'est la rue,
Mais mes profits sont modérés ;
Philosophe, gaîment j'exerce
Un métier sinon des plus beaux,
Fort prisé du petit commerce ;
Je vends des cartons à chapeaux.

J'avais jadis fait des études,
Mais! hélas! du quartier latin
Conservant trop les habitudes,
Je vis s'assombrir mon destin.

J'aurais pu, médecin, légiste,
Gravir les sommets les plus hauts ;
Mais l'absinthe me rendait triste...
Je vends des cartons à chapeaux.

A l'étude de la misère
Je retrouvai ma dignité ;
Je devins sobre, et, pauvre hère,
Sentis renaître ma gaîté.
J'ai maintenant femme qui m'aime,
De gros enfants frais et dispos ..
Du bonheur c'est tout le problème;
Je vends des cartons à chapeaux.

Le métier n'est pas difficile ;
Avec quelques sous de carton,
Papier, colle, on fait pour la ville
Une riche provision.
Puis, d'une gamme bien tournée,
Attirant chalands et badauds,
Je chante toute la journée :
Achetez cartons à chapeaux !

Le règne du tuyau de poêle
Par tant de nations admis,
Met des épinards dans ma poêle,

Qui le porte est de mes amis..
Mais je hais tout chapeau cocasse,
Paille, étoffe, formes-plateaux,
Car plus d'un de carton se passe...
Je vends des cartons à chapeaux.

Jadis le chapeau de nos belles
Exigeait un vaste carton ;
Le chapeau des modes nouvelles
N'est plus qu'un affreux avorton.
Et quand je vois sur une dame
Un de ces petits oripeaux,
De rage j'entonne ma gamme :
Achetez cartons à chapeaux !

Je déteste la politique,
Mais je crains le retour surtout
Des braillards de la République
Qui n'étaient pas coiffés du tout ;
Aussi n'est-ce pas moi qui bouge
Pour fêter les élus nouveaux
Qui nous rendraient le bonnet rouge...
Je vends des cartons à chapeaux.

Au Caveau je dois rendre hommage :
Vous portez tous le chapeau noir ;

L'été, qu'on déroge à l'usage,
C'est permis, et surtout ce soir.
Mais l'hiver, vive l'étiquette!
Messieurs, reprenez vos tuyaux,
Afin que gaîment je répète :
Achetez cartons à chapeaux!

Hippolyte Fortin,
Membre correspondant.

LE MARCHAND DE CHANSONS

Air à faire

Accourez, filles et garçons,
Qui cherchez l'amour et la joie ;
Voici le marchand de chansons
Qui va nous mettre sur la voie.

Presque toujours sans feu ni lieu,
En bohémien je cours le monde,
Laissant à la grâce de Dieu
Mon existence vagabonde ;
Mais de mon sort je suis content :
N'est-il donc pas digne d'envie,
Puisque c'est toujours en chantant
Qu'ici-bas se passe ma vie ?

   Accourez, etc.

De nos libraires éditeurs
Je n'ai pas la vaste boutique,
Où sur le renom des auteurs
Tout est coté pour les pratiques ;
Mais lorsque j'étale en plein vent
Tant d'œuvres fraîchement parues,
On peut assurer bien souvent
Qu'avec moi l'esprit court les rues.

   Accourez, etc.

Des joyeux membres du Caveau
J'ai la collection complète,
Et si vous voulez du nouveau,
Vous pouvez ici faire emplette.
Au modeste prix de deux sous,
Je vous offre un recueil commode

Où chacun peut, selon ses goûts,
Trouver les sujets à la mode.

  Accourez, etc.

De la chanson, sur nos humeurs,
Qui pourrait nier l'influence ?
C'est elle qui régit nos mœurs
En nous tenant sous sa puissance.
Quand elle éclate en un refrain
Où brille la gaîté française,
Elle sait bannir le chagrin
Et mettre tout le monde à l'aise.

  Accourez, etc.

Oui, la chanson est ici-bas
Le complément de toutes choses ;
Sans elle le meilleur repas
Laisserait tous les fronts moroses.
Vous donc qu'altèrent les désirs
Et qui buvez à coupes pleines,
Chantez pour doubler vos plaisirs,
Chantez pour oublier vos peines.

Accourez, filles et garçons,
Qui cherchez l'amour et la joie,

Voici le marchand de chansons
Qui va vous indiquer la voie!

Arsène **THÉVENOT**,
Membre correspondant.

LE MARCHAND DE COCO

Air : *Petit Bouton d'or.*

Quand, sous un ciel sans nuage,
    R'vient l' printemps fleuri,
A la vill' comme au village
    On entend ce cri
Qu'une voix déclamatoire
    Redit à l'écho :
« A la fraîche qui veut boire ?
    V'là l' marchand d' coco ! »

Ma liqueur est anodine.
   Et le tourlourou,
La bonn' d'enfant, la gamine,
    Qui boiv'nt pour un sou,
Ne f'ront jamais d' balançoire
    Comme à Jéricho...
A la fraîche qui veut boire?
    V'là l' marchand d' coco!

C' n'est ni du vin ni d' la bière
    Que j' débit' toujours,
C'est d' la réglisse et d' l'eau claire...
    Ainsi, mes amours,
Pour les produits d' ma baignoire
    Pas de quiproquo....
A la fraîche qui veut boire?....
    V'là l' marchand d' coco!

Pour la soif, après l'ouvrage,
    Quand je m' sens fléchir,
C'est chez l' man'zingu' du village
    Que j' vas m' rafraîchir.
Jamais je n' dis, pour la gloire
    Du gosier d' Coco :
A la fraîche qui veut boire?....
    V'là l' marchand d' coco!

Dans not' France, hélas ! tout file,
   Mon métier s'en va,
Et j' crois bien qu'en l'an deux mille
   Les gens de c' temps-là
N'entendront plus, dans un' foire,
   Dir' qu'à Monaco :
« A la fraîche qui veut boire ?...
   • V'là l' marchand d' coco ! »

DUVAL,
Membre associé.

LE MARCHAND DE CONTREMARQUES ET DE BILLETS

Air : *Vive la lithographie.*

Je suis enfant de la balle,
Tribu des Béni-Mouff'tard,
Je connais ma capitale,
Et je vous le dis sans fard :

Très connu dans mon quartier,
J'exerçai plus d'un métier ;
J'ai vendu des z'hannetons
Se battant sur des cartons ;
Puis, avec mon noble père,
Quelque temps j'ai chiffonné,
Avec mon illustre mère
Dans les cours j'ai chantonné.
Nous ramassions des ronds
En écorchant des chansons ;
Avec les bouts de cigares
Très longtemps j'ai commercé.
Sur les quais et dans les gares,
Dieu ! que j'en ai ramassé !
Entrepreneur de succès,
A l'Odéon, aux Français,
Au lustre avec les Romains
J'applaudissais des deux mains.
Frotté de littérature
En fréquentant les acteurs,
Je faisais bonne figure,
En figurant dans les chœurs ;
Puis, rempli d'ambition,
Changeant de condition,
Je me suis mis commerçant,
Et sans patente en plein vent,
Je vends aux gens idolâtres

Des Augiers et des Feuillets,
A la porte des théâtres,
Contremarques et billets.
Pour Flan, Clairville et Grangé
Je vends comme un enragé :
Pour Dumas fils et Sardou
Je suis comme l'amadou,
Avec eux, d'une recette
Fort belle je suis certain;
Alors la noce est complète
Chez tous les marchands de vin.
J'ai fait parfois un beau four,
Avec About, les Goncourt,
Le commerce des billets,
Succombant sous les sifflets:
On me voit pendant l'émeute,
Habitué des boulevards,
Aller grossissant la meute
Des badauds et des criards.
Du sexe faible aux abois
Je fais respecter les droits,
Pour un dévouement si beau
On me traite de Bonneau;
Mais d'un préjugé vulgaire
Je méprise la rigueur,
Et je continue à faire
Ce qué m'inspire mon cœur.

J'espère sur mes vieux jours
En renonçant aux amours,
Abandonnant mon métier,
Vivre comme un bon rentier.
Je vends aux gens idôlâtres
Des Augiers et des Feuillets,
A la porte des théâtres,
Contremarques et Billets.

A. FOUACHE.
Membre associé

LE MARCHAND DE JOURNAUX

Air d'*Octavie* ou *des Comédiens*.

Accourez tous, venez à ma boutique,
Vous qui voulez grands et petits journaux:
Vous trouverez morale et politique,
Cours de la Bourse, avis et faits nouveaux

Je puis d'abord vous présenter *la France*,
Ne jugez pas sur elle *le Pays*,
Elle n'a rien de cette *Indépendance*
Qu'on cherche en vain hors des Etats-Unis.

Un des anciens, le journal de *l'Empire*,
A, pour raison, pris le nom des *Débats;*
Jules Janin y trône et l'on admire
Ses feuilletons savants et délicats.

Pour le rentier, j'ai *la Quotidienne*
Qui, malgré lui, le force à s'endormir;
Il est heureux, et sa méridienne
Lui montre en rêve un royal avenir.

Grâce au talent, à la verve inspirée
De maître Flan, notre gai chansonnier,
On voit partout la *Chanson illustrée*
Qui, du salon, se répète au grenier.

Le Figaro plaît aux femmes légères
Par ses récits piquants et scandaleux,
Et dans le but d'enfoncer ses confrères,
Donne aux lecteurs des cadeaux fabuleux.

Son directeur, qui connaît la pratique,
A fait, du grand, *le Petit F'garo*,

En supprimant le côté politique,
Mais c'est toujours le même numéro.

Le curieux, cherchant à se distraire,
Doit parcourir *le Journal amusant*,
Où Cham et Stop font la charge ordinaire
De la cocotte au minois séduisant.

Aux financiers, aux hommes de commerce,
Sans hésiter, j'offre *l'Universel*,
Nouveau journal, il est vrai, mais qui perce
Comme *Paris*, plus que *l'Officiel*.

Le gandin vient visiter Lapérine,
Non, pour *le Sport, le Derby, l'Avenir*,
Ce qu'il demande à ma belle voisine
Est un objet que je ne puis fournir.

Quelques amis et les fils du poète
Se sont unis pour fonder *le Rappel*,
C'est *le Réveil* de l'esprit qui s'apprête
A frapper fort, le trait sera cruel.

L'étudiant, en sortant de l'école,
Apporte un sou pour *le Petit Journal*,
Il se nourrit du fameux Rocambole,
Plus attrayant que *le National*.

Aux avoués, avocats et notaires,
Je dois livrer *les journaux du Palais*,
Puis *le Gaulois* où les hommes d'affaires
Trouvent l'oubli des actes, des procès.

Je vends *le Peuple* ainsi que *la Patrie*,
Sans que *le Droit* puisse être contesté ;
Je vends *le Temps*, *le Siècle* et *l'Industrie*,
Enfin je vends même *la Liberté !*

Accourez tous, venez à ma boutique,
Vous qui voulez grands et petits journaux ;
Vous trouverez morale et politique,
Cours de la Bourse, avis et faits nouveaux.

BOUCLIER.
Membre titulaire.

LE MARCHAND DE MARRONS

Air : *Moi, je flâne.*

Je marronne,
Je marronne
Dès le milieu de l'automne,

Je marronne
Au grand air
Jusqu'au déclin de l'hiver.

Du Piémont courageux fils,
Quand se repose la terre,
Agé, craignant la misère,
Je pars vite pour Paris ;
L'appât du gain, qui m'excite,
Me fait vendre des marrons ;
Mais, comme à regret je quitte
De Turin les environs,

    Je marronne, etc.

Ça n'empêche pas mon soin
Pour contenter la pratique ;
Debout, devant la boutique
Du marchand de vins du coin,
Sans relâche je surveille
Et ma poêle et mon fourneau....
Jamais la liqueur vermeille
Ne récréant mon cerveau,

    Je marronne, etc.

Je sais de nouveaux abris
Offrant plus ample ressource
Aux confrères dont la bourse
Et l'estomac sont garnis.

D'une ambition funeste,
Je m'abstiens... Mais, c'est égal,
Quoique je sois très modeste,
Lorsque je songe au trink-hall, (1)

    Je marronne, etc.

Avec un couteau mon fruit
Prend une amoureuse mine;
Quand tout seul je l'examine,
Sa fente me réjouit.
Las! si je le décortique
Aussitôt qu'il est rôti,
Et qu'un ver rongeur m'indique
Son intérieur pourri,

    Je marronne, etc.

Dominant le brouhaha
Qu'au cabaret font les drilles,
Je crie à toutes les filles :
« Comme ils brûlent ces gros-là! »
Et quand la température
Glace le bout de mes doigts,
Et que, sous leur couverture,
Mes marrons deviennent froids,

    Je marronne, etc.

(1) Élégantes baraques du boulevart Sébastopol, où l'été on vend des rafraîchissements, et dans l'hiver des marrons.

Comme le chantre occupé,
Le berger, le roi sans place,
Une crevette fadasse
Rentrant sans avoir soupé,
A mon âtre un misérable
Qui vient réchauffer ses mains,
Ceux que le chagrin accable,
Bref, comme beaucoup d'humains,

    Je marronne,
    Je marronne
Dès le milieu de l'automne,
    Je marronne,
    Et je croi
Que tout vieux fait comme moi.

JULES-JUTEAU.
Membre titulaire.

LE MARCHAND DE PARAPLUIES

AIR : *Comédie.*

Paraplui's ! parapluies !
Rhinocéros ou bambous ;

J'ai des ombrelles jolies,
Cinquant' sous!
En voulez-vous?

C'est du bon, la soie est cuite,
Il suffit d'y toucher pour
S'apercevoir tout de suite
Qu'on vient d' la sortir du four!
De quoi? ça n'est pas solide?
T'nez messieurs, tirez plutôt....
Va donc espèc' d'invalide,
Fair' *rapièster* ton pal'tot!
    Parapluies! etc.

J' suis fâché d' vous interrompre,
J'entends dir' : l' fil est brûlé....
Pas un' coutur' qui puiss' rompre,
C'est pas cousu, c'est collé!!
La colle est chèr', les affiches
Ont tout gobé, qu' voulez-vous ?
Tant d' gens, qui n'étaient pas chiches,
En ont mis plus d'ssus que d'ssous!
    Parapluies! etc.

J' puis vous jurer, foi d'Eustache!...
Plaît-il? bath! cela n'est rien,

Voilà-t'y pas, pour un' tache,
Des tach's ! l' soleil en a bien !
C'est bon teint jamais ça n' bouge ;
Après tout il faut êtr' franc,
Un monsieur qu' j'ai connu rouge,
En peu d' temps est dev'nu blanc.

   Parapluies ! etc.

Comment s' fait-il qu'en boutique,
M' direz-vous, on n' trouv' pas mieux ?
Bien facil'ment ça s'explique,
J' fais du neuf avec du vieux ;
La répons' paraît cocasse,
Mais en fait d' solidité,
On prétend qu'un' vieill' carcasse,
Offre plus d' sécurité.

   Parapluies ! etc.

Faut que j' vous fass' voir que'qu'chose :
T'nez, c' parapluie anodin,
Quand on veut, s' métamorphose
En un énorme gourdin ;
Il peut fair' plus d'un' victime,
C'est un puissant argument ;
Mais avec votr' légitime
Usez-en modérément.

   Parapluies ! etc.

Le temps s' couvr', gare à la lance,
J' suis des bons, plus d'un rupin
Aura, chez sa connaissance,
C' matin laissé son pépin.
Mieux vaut chez sa bonne amie,
Lorsque souffle l'aquilon,
Oublier son parapluie,
Qu' d'y laisser son pantalon !
      Parapluies ! etc.

Bath ! dit's-vous, c' n'est qu'un orage ;
Je n'admets pas cett' raison,
Vous comptez sans l' récurage,
Qu'on fait de chaque maison ;
Pour éviter cett' bouillie,
Même par un temps serein,
Faut s' munir d'un parapluie,
A moins qu'on le soit.... serin !
      Parapluies ! etc.

Tiens ! c' monsieur suit à la piste
Un' dam',.... sera-t-il vainqueur ?
Elle accepte, (ça m'attriste),
Et son riflard et son cœur.
Sur ce qu'on voit on se base,
J' dis, après réflexion :

L' parapluie est p't'êtr' d'*occase*,
La femme est d'occasion !
   Parapluies ! etc.

Mais j' vois bien que ma figure
N' plaît pas aux fils de Panard ;
Oiseau de mauvais augure,
Je retourne à mon boul'vard ;
A votre accueil j' suis sensible,
Vivez exempts d' tous tracas,
Et tâchez l' plus tard possible
De casser vos en-tout cas !

   Paraplui's ! parapluies !
   Rinocéros ou bambous ;
   J'ai des ombrelles jolies,
     Cinquant' sous !
     En voulez-vous ?

JULES DE BLAINVILLE,
Membre titulaire.

LE MARCHAND D' PEAUX D' LAPINS

Air du **Roi d' Yvetot**.

Pendant vingt ans, je fus soldat
   De la littérature;
J'ai quitté c' malheureux état,
   Et j' fais dans la fourrure.
De la critique, je me ris
Et l'on entend, dans tout Paris,
     Ces cris :
Oh! oh! oh! oh! ah! ah! ah! ah!
Le marchand d' peaux d' lapins, le v' là !
     La, la.

Le lapin est un animal
   Fort bon en gibelotte;
J'y mets, quand j'en fais mon régal,
   Un morceau d'échalotte,
Et puis, j'achèt' du lapereau,

Dont on doit changer en chapeau,
La peau.
Oh! oh! oh! oh! ah! ah! ah! ah!
Le marchand d' peaux d' lapins, le v' là!
La, la.

Comme marchand, j'étais, un jour,
En présenc' de Juliette ;
J'avais découvert le séjour
Du lapin d' la fillette,
Qui, d'un petit air pudibond,
Me montrait son pelage blond,
Fort long.
Oh! oh! oh! oh! ah! ah! ah! ah!
Le marchand d' peaux d' lapins, le v' là!
La, la.

J'eus l'espoir d'une affair'. plus tard,
Avec Manon, la brune,
Que son vieil époux, fin renard,
Ne quittait qu'à la brune ;
Mais, ne l'abordant que le soir,
Son lapin, j' n'ai jamais pu l' voir
Qu'en noir.
Oh! oh! oh! oh! ah! ah! ah! ah!
Le marchand d' peaux d' lapins, le v' là!
La, la.

Bref, quand je me trouve placé
    Auprès de quelque belle,
Par le dieu du négoc' poussé,
    J' sens une ardeur nouvelle,
Et, comme un jeune galopin,
Je songe à mettr' sur son lapin
        L' grappin.
Oh! oh! oh! oh! ah! ah! ah! ah!
Le marchand d' peaux d' lapins, le v'là!
        La, la.

Nos grenadiers, nos voltigeurs
    Sont avec nos zouaves,
Nos artilleurs et nos chasseurs,
    La fine fleur des braves;
Ces lapins-là sont des héros
Qui savent défendre en champ clos
        Leurs peaux.
Oh! oh! oh! oh! ah! ah! ah! ah!
Le marchand d' peaux de lapins, le v'là!
        La, la.

Ayant dit *zut* aux éditeurs,
    Pour faire ce commerce,
J'en vois maint'nant d'tout's les couleurs;
    Honnêtement j' l'exerce.

Mais à plus d'une fill' — sans débat —
Au lieu d' lapin, j'ai fait l'achat
    D' son chat.
Oh! oh! oh! oh! ah! ah! ah! ah!
Le marchand d' peaux d' lapins, le v'là !
    La la.

L. DEBUIRE DU BUC,
Membre correspondant.

LE MARCHAND DE PAILLASSONS

AIR *Dans un vieux château de l'Andalousie.*

Au sein de Paris, l'état que j'exerce
Suffit à mes goûts, s'il est peu brillant ;
Quand de paillassons je fais le commerce,
Je me crois l'égal du négociant.
Mesdames, messieurs, approchez bien vite ;
J'en offre à chacun de toutes façons,
Et leur bon marché double leur mérite :
Essuyez vos pieds à mes paillassons !

Vous, solliciteurs, qui, sans industrie,
Gueusez des faveurs dans certains palais,
Prétendez-vous donc servir la patrie
Dans une antichambre, avec des valets?
Pour l'or, les emplois, vous criez famine :
Avant de franchir de nobles maisons,
Avant de courber bien bas votre échine,
Essuyez vos pieds à mes paillassons!

Gandins bien frisés, à si piètre face,
Vous allez au bois sur des andaloux ;
C'est du dernier bien d'étaler sa grâce,
Mais l'ennui galope en croupe avec vous.
Puis, vous visitez d'aimables coquines
Donnant du plaisir les chères leçons ;
Puisque leurs tapis verront vos bottines,
Essuyez vos pieds à mes paillassons!

J'aperçois là-bas certain pique-assiette
De braves bourgeois guignant le festin ;
Comme Colletet, le pauvre poète,
Ils montrent alors des dents de requin.
Viveurs du hasard, à rude fourchette,
Vous flairez poulets, gigots et poissons :
Avant de vous pendre à chaque sonnette,
Essuyez vos pieds à mes paillassons!

Vous qui des Anglais suivez les coutumes,
Gentlemen-riders du quartier d'Antin,
Prenez leur jargon, portez leurs costumes,
Cultivez en grand le foin, le crottin.
Vous pouvez vider vos bourses garnies,
Lorsque vos jockeys vident les arçons ;
Quand vous sortirez de vos écuries,
Essuyez vos pieds à mes paillassons !

Fils de saint François, de vos Thébaïdes
Vous quittez l'enclos pour notre cité ;
Pourquoi nous montrer vos barbes sordides
Et vos grands pieds nus, veufs de propreté ?
Lorsque vous irez, à l'heure dernière,
Vers le Paradis poser vos chaussons,
Pour être accueillis par le bon saint Pierre,
Essuyez vos pieds à mes paillassons !

MAHIET DE LA CHESNERAYE,
Membre titulaire.

LA MARCHANDE DE PLAISIRS

Musique de Mme V. LAFFARGE

De plaisirs frais, oui, je suis la marchande ;
Accourez tous, fillettes et bambins !
Je fais pleuvoir, pour une simple offrande,
Manne joyeuse à vos petits festins.
Venez à moi, troupe aimable et rieuse,
Profitez-bien de vos heureux loisirs,
Et que jamais la fièvre ambitieuse
En fruits amers ne change vos plaisirs !

J'eus comme vous une brillante enfance;
Mais le bonheur a-t-il un lendemain ?
Me voilà vieille et presqu'à l'indigence ;
Peut-être un jour, je manquerai de pain.
Quand j'ai le cœur tout rempli de tristesse,
Et l'âme en proie aux poignants souvenirs,
Je dois sourire et cacher ma détresse ;
Peut-on pleurer en vendant des plaisirs ?

Beaux chérubins, hélas, que Dieu vous fasse
Des jours de soie et de constants amours !
Pour les chagrins quand le plaisir s'efface,
De son enfance on se souvient toujours.
On se souvient des baisers de sa mère,
Et sa mémoire adoucit nos soupirs,
Vers le passé c'est une ombre bien chère
Qui nous ramène au bon temps des plaisirs.

Charmants lutins, qui jouez à la guerre,
Et ne rêvez que canons et combats,
Riez, chantez, vous ne soupçonnez guère
Ce qu'un laurier peut coûter de soldats !
Une bataille est un cirque, un théâtre,
Où les acteurs sont presque tous martyrs ;
Enfants, la gloire est trop souvent marâtre,
C'est votre sang qui solde ses plaisirs

Bercez, bercez vos poupards, mes fillettes,
Endormez-les par vos douces chansons,
De vos bébés préparez les layettes,
De vos mamans prenez bien les leçons !
C'est votre lot de repeupler le monde
De frais marmots, aux plus doux avenirs,
Fils du progrès, qui diront à la ronde :
Vivent la paix, les arts et les plaisirs !

De plaisirs purs, oui, je suis la marchande;
Accourez tous, fillettes et bambins !
Je fais pleuvoir, pour une simple offrande,
Manne joyeuse à vos petits festins.
En grandissant, troupe aimable et rieuse,
Soyez modeste et simple en vos désirs,
Et que jamais la fièvre ambitieuse
En fruits amers ne change vos plaisirs !

ALLARD-PESTEL,
Membre titulaire

HISTOIRE D'UNE MARCHANDE DES QUATRE SAISONS

Air de *l'Artiste.*

De mon pauvre village
Je partis un beau jour ;
J'étais naïve et sage,
Et j'ignorais l'amour.

Ma vie à l'aventure
Offre maintes leçons ;
Et, comme la nature,
Elle a quatre saisons.

A seize ans, belle et blonde,
Me riant des censeurs,
Je vends à tout le monde
Les plus brillantes fleurs.
Fière de mes conquêtes,
Oubliant la raison,
Je passe dans les fêtes
Ma première saison.

Lorsque cessent le règne
Et la saison des fleurs,
Je dois changer d'enseigne,
Ainsi que d'acheteurs.
Encore aimable et fraîche,
Je produis, sans façon,
L'abricot et la pêche,
En deuxième saison.

Plus tard viennent les brumes,
Adieu donc, fleurs et fruits ;
A vendre des légumes
Mes travaux sont réduits.

J'offre la vittelotte,
Choux, navets à foison;
Et surtout la carotte,
En troisième saison.

Hélas! l'hiver arrive;
Il n'est plus de beaux jours.
Cruelle perspective!
Plus d'argent, plus d'amours!
Que vendre, quand la neige
Obscurcit l'horizon,
Et que nul ne protège
Ma dernière saison?

MORALITÉ

Enfants, dès le jeune âge,
Profitez des instants;
Faites meilleur usage
De votre beau printemps.
Sachez, dans la jeunesse,
Faire votre moissson,
Pour charmer la tristesse
De l'arrière-saison !

A. BUGNOT,
Membre titulaire.

LE MARCHAND DE ROBINETS

Air du *Vaudeville de Madame Favart.*

Malgré les vents, ou pluie, ou grêle,
Depuis cent ans, de père en fils,
Aussi légers que l'hirondelle,
Nous parcourons le vieux Paris.
Jadis, au son du cor de chasse,
Pour amasser quelques jaunets,
Je m'écriais de place en place :
Voilà l'marchand de robinets !

Le travail me paraît aride,
Pour faire sortir du cerveau
Une œuvre brillante et rapide
Comme on en demande au Caveau.
Que ne suis-je certain poète,
Cultivant l'ode et le sonnet,
Qui, pour faire une chansonnette,
N'a qu'à tourner le robinet !

Maintenant, grâce à nos édiles,
S'est transformé chaque quartier;
Paris est la ville des villes,
Capitale du monde entier.
Pour réaliser ces merveilles,
Les petits et les gros bonnets.
Les jeunes filles et les vieilles,
Tous ont lâché les robinets.

Chaque dimanche à la campagne,
Mon voisin, qui voit tout en noir,
Me recommande sa compagne,
Qui semble heureuse de me voir;
Ensemble nous prenons nos aises
Pour cultiver le jardinet,
Et pour bien arroser ses fraises
Je dirige le robinet.

Pendant la fièvre électorale,
On vit des orateurs grincheux,
Dans une pose théâtrale,
Lancer des propos vénéneux.
A leurs discours socialistes
Qui charmaient nombre de benêts,
Je répondais : tas de banquistes,
Allons, fermez vos robinets!

Aujourd'hui, vieux, blasé, maussade,
Je n'aime plus qu'un robinet,
C'est celui qui verse rasade
De bordeaux ou de vin clairet.
Et, malgré le temps qui m'assiége,
Les pieds posés sur mes chenets,
Je chante, en riant de la neige :
Voilà l' marchand de robinets !

VASSEUR.
Membre titulaire.

LE MARCHAND DE VERRES CASSÉS

Air : *On dit que je suis sans malice.*

Plus par besoin que par caprice,
Je suis entré dans un hospice
Où malgré mes quatre-vingts ans,
Je chansonne de temps en temps.
Hier, un marchand au cri bizarre
Lance un refrain dont je m'empare,

Je le répète... Applaudissez :
Avez-vous des verres cassés?

Cordons bleus et gentilles bonnes,
Qui pillez patrons et patronnes,
Petits marchands, cabaretiers,
Apothicaires et portiers;
Et vous, milords, qui très peu chiches,
En vous servant de verres riches
Dans lesquels vous buvez assez,
Avez-vous des verres cassés?

Et ces bouteilles qu'on renomme
Pour conserver encor l'arôme
De ces vins fins, rares et vieux,
Dont on s'enivre en certains lieux,
De jeunes gandins sans idées
Leur disent aussitôt vidées,
Nous vous brisons, disparaissez!...
Avez-vous des verres cassés?

Mais que vois-je au bouchon d'en face?
Des buveurs, que le vin agace,
Se gourment, se prennent de mots,
Tout en brisant verres et pots.
Ma foi ! je dois bénir les suites

Du nouveau combat des Lapythes ;
Je pourrai donc dire aux rossés :
Avez-vous des verres cassés ?

Flacons, carafes et fioles,
Qui n'êtes que des babioles,
Quand vous n'avez plus rien dedans,
Soudain nous vous montrons les dents.
Verre en cristal ou de Bohême,
Vous serez brisés tout de même...
Hélas ! vos beaux jours sont passés !...
Avez-vous des verres cassés ?

G. A. MONTMAIN,
Ancien Membre associé.

L'OUVREUR DE PORTIÈRES

Air du *Petit Bouton d'Or*.

J' suis né dans l' faubourg Antoine,
    L' pays du gouapeur,
Et j' n'ai pour tout patrimoine
    Qu' mes jamb's... Qué malheur !

Dans l' tas des brillant's carrières
    Pas moyen d' pêcher;
Moi, j' suis ouvreur de portières...
    D' mandez votr' cocher!

Ça n'est pas un rich' commerce,
    Quoiqu' pas patenté,
Quand avec art on l'exerce,
    Ç'a son bon côté.
Mais il faut connaîtr' son monde
    Et n' pas flanocher,
Savoir crier à la ronde :
    D' mandez votr' cocher!

La r'cette est bonne à Mabille,
    Et dans l' tablier
Les roublards tomb'nt à la file,
    Sans s'fair' trop prier.
« En l'honneur d' votr' seigneurie,
    Mylord, j' vas luncher...
De chic *Médéme* est pourrie... »
    D'mandez votr' cocher!

A la sorti' du spectacle,
    La pluie à torrent
Tombe; c'est un vrai débâcle,

Tout l' mond' va courant.
« Votr' coupé, ma petit' dame,
J' m'en vas vous l' chercher...
C'est trent' sous d' pourboire... ah ! dame !...»
D'mandez votr' cocher.

Tiens ! voici sortir un' noce
D' la mairie... Atouts !...
Courons ouvrir le carosse
Des nouveaux époux.
« L' marié, n' fait's pas la grimace;
J' vas pas y toucher;
Votr' madam' n'est pas en glace... »
D'mandez votr' cocher !

Aujourd'hui, turf à Boulogne;
On court le grand prix.
J' vas avoir de la besogne;
Sportmens, mes amis,
En attendant que la foule
Vienne à s'épancher,
Nous allons tailler un' poule...
D'mandez votr' cocher !

Eh ! bourgeois !... un' bonn' voiture ?
M'sieu prend l'omnibus ?
Ohé ! gar' l'éclaboussure !

C'est six sous d' quibus.
Vieux pingre! Il fait des manières...
« Veux-tu bien t' cacher!
Conducteur! ouvr' tes portières!...
D'mandez votr' cocher! »

En fiacr', c' gros capitaliste
Qui, les stores baissés,
Vous promèn' sa p' tit' modiste,
Les voilà pincés!
« Dans ce boudoir qu'on attelle
Avant d' vous coucher,
Faut r' tourner l' coussin, ma belle... »
D'mandez votr' cocher!

C'est-y ça qu'est d' l'injustice!
J' suis pas médaillé
D' la Préfecture d' police;
Mais j' suis émaillé
Par les bott's des sergents d' ville
Qui vont se nicher
Dans mon arrièr'-train... moi, j' file...
D'mandez votr' cocher!

J' sais bien que j' f'rai pas fortune;
Que, dans c' chien d' métier,
J' f' rai pas des trous à la lune,

Tout comme un caissier.
Au mainzingu', quatr' sous la place,
L' plombage et l' coucher,
J' pass' la nuit sur ma paillasse....
D'mandez votr' cocher!

A. VACHER,
Membre titulaire.

LE PORTEUR D'EAU

Air : *C'est l'eau qui nous fait boire.*

Chanter le porteur d'eau...
Hélas!... quelle rengaine!
J'aurais bien de la peine
A trouver du nouveau.
En quoi vous intéresse
L'auvergnat, son tonneau?
Faut-il que je m'adresse
Aux anciens porteurs d'eau?

Que sont-ils devenus
Ces ténors de la rue ?
L'industrie est perdue,
On ne les entend plus ;
On a mis en usage
Un système nouveau ;
Cherchons donc, c'est plus sage,
De nouveaux porteurs d'eau.

Je n'aurai qu'à choisir,
Je vous le certifie...
En un jour d'incendie,
Qui voit-on accourir ?..
Des pompiers.... leur vaillance
Maîtrise le fléau ;
Ce sont-là, je le pense,
De braves porteurs d'eau.

Il en est un, encor
Que Veuillot canonise ;
Sur le seuil de l'Église,
Il s'accroupit et dort.
Son goupillon menace
Tout visiteur nouveau ;
J'estime peu la race
De ces vieux porteurs d'eau.

Eau de toute couleur,
Balsamique, Indienne,
Chinoise, Athénienne,
Eau de toute senteur:
Aujourd'hui la méthode
Est d' s'en frotter l' museau;
Nos gandins à la mode,
Autant de porteurs d'eau.

Nos vins, anciennement,
Purs et vierges, quand même,
N'avaient pas du baptême
Reçu le sacrement;
Aujourd'hui c'est notoire,
On mouille le tonneau;
Les vins qu'on nous fait boire
Sont tous des porteurs d'eau.

On chômait d'eau jadis,
Et, des flots de la Seine,
Quelques litres à peine
Rafraîchissaient Paris.
De la Dhuys, de la Vanne
L'onde coule à gogo;
Vraiment monsieur *Haussmanne*
Est roi des porteurs d'eau.

L'autr' soir, fourrant mon nez
Dans la dernière émeute,
J' pensais qu'au lieu d'un' meute
De sergents acharnés,
Pour chasser la canaille,
Comm' feu monsieur Lobau
J'aurais fait à mitraille,
Charger les porteurs d'eau.

LEFEBVRE,
Membre associé.

LE RACCOMMODEUR DE PORCELAINE

Air : *Tout le long de la rivière.*

Du luxe les inventions,
Les nombreuses productions,
Font fleurir bien des industries ;
Moi, qui ne vis que d'avaries,
Au cabaret, j' n' puis m' griser
Que lorsque j' vois tout s'y briser.

D' puis Charenton jusqu'à la Madeleine,
On m'entend crier pendant tout' la semaine :
Raccommodeur de porcelaine.

L'élévation du loyer
Ne peut m' gêner dans mon métier;
Près d'une borne je m'installe,
Et d'une adresse sans égale
Je raccommode artistement
Les produits d' Sèvre et d' Saint-Amand.
D' puis Charenton, etc.

Une grisette tout en pleurs
M'apporte un joli pot à fleurs,
Cadeau de l'objet de sa flamme,
Cassé par un rival infâme,
Je répare tout galamment,
Ell' m' r'mercie d'un r'gard charmant.
D'puis Charenton, etc.

Je suis l'inventeur d'un enduit
Qui de plus en plus me produit;
Partout on admir' mes collages,
Mes étonnants raccommodages;
On se les passe d' main en main,
Jusque dans l' faubourg Saint-Germain.
D'puis Charenton, etc.

Quand je vois de jeunes viveurs,
Gris de plaisirs et de liqueurs,
Jeter en fous par la fenêtre,
Pour l'accroiss'ment de mon bien-être,
Tasses, coupes et cætera,
Je ris et dis : Ça m' reviendra.

D'puis Charenton, etc.

J' suis l' favori, j'en fais l'aveu,
De plus d'un gentil cordon bleu,
Et, malgré leurs yeux en coulisse,
Tout en travaillant à l'office,
Et m' régalant de leur nougat,
Je reste dans le célibat.

D'puis Charenton, etc.

Ici-bas tout est casuel,
Et l'homme n'est pas éternel.
Quand le Temps, de sa faux agile,
Me bris'ra comme un vas' fragile,
J'espère, après l' *de profundis*,
M'occuper dans l' saint Paradis.
Dieu doit avoir de belle porcelaine ;
Pour l' servir, s'ra là, d'enduit la poche pleine,
    Le raccommodeur de porcelaine.

LE VAILLANT,
Membre correspondant.

LE RAMASSEUR DE BOUTS DE CIGARES

Air : *Ça vous coup' la gueule à quinz' pas.* (Ch. Colmance.)

Pardon, les amis ; deux minut's d'entretien...
    C'est Gugust', l'amant à Nonore.
Je n' suis pas un' grinch' pour vos poch's n' craignez rie
    D' plus d' confianc' j'entends qu'on m'honore.
    Ça vous épat' de m' voir chez vous ;
Vous êtes des zigu's, et j' veux ben, entre nous,
    Vous dir' c'ment qu'ça fait que j' suis là ;
    C'est mon truc... et c' truc le voilà.

Chacun ici-bas cherche dans les métiers
    L' moyen d' gagner sa subsistance :
L' zuns s' font vaud'villist's, poèt', carr'leux d' soulier
    Le malins s' gliss'nt dans la finance...
    Les plus blagueurs s' fait r'présentants,
Acteurs, méd'cins, ou ben arrach'nt les dents...
    Moi, qu'est moins fier que tout c' mond'-là,
    J' fais les bouts d'cigar's..., et voilà !

Il est ben facil' dans c't état d' s'établir,
    Car c'est pas c' que coût' l'outillage...
Un bâton, quatr' clous, le chic de s'en servir;
    Avec ça, l' long d' chaque étalage,
    On peut, quand on a d' bons calots,
Se fair' de la braise en narguant les badauds.
    Et puis on est libr', nom de d'là...
    J' fais les bouts de cigar's, et voilà!

Ah! dam', par exempl', faut jouer des ripatons
    Pour piger un kilo d' cam'lote!
Ça se r'vend vingt sous! Aussi quand nous joûtons,
    Les plus marlous, j' vous les dégote.
    On n' soif' pas d' bordeaux tous les jours,
Et d'un saucisson on soutient ses amours...
    Bah! pourvu qu'on me l' *serve là*!...
    J' fais les bouts d' cigar's, et voilà!

J' n'ai jamais r'douté, le moindre des instants,
    L' joug de ces exploiteurs d'usines
Qui s' creusent l' coco les trois quarts de leur temps
    A fabriquer d' nouvell's machines,
    Qui, réduisant l' salaire et l' gain,
Mett'nt tant d' pauvr's gens sans travail et sans pain;
    Ma sueur jamais n' les régala....
    J' fais les bouts d' cigar's, et voilà!

L'été, je n' crains pas que l' feu prenne à mon lit :
    Pour vexer mesdam's les punaises,
Dans le bois d' Vincenn's, couché su' l' pissenlit,
    Avec ma Nonor' j' prends mes aises.
    C' lieu désert ne m' fait pas blémir :
Dès qu'un barbot veut m'empêcher de dormir,
    Je lui cri' : t'es rien pantre! oh! la! la!!!
    J' fais les bouts d' cigar's, et voilà!

J' suis d'un caractèr' ni sombre, ni fougueux;
    Aussi, moderne Diogène,
Fier comme un pacha, sous mes habits de gueux,
    Je m' ris d' la contrainte et d'la gêne.
    Si j' rencontre un pus pauvr' que moi,
« A deux l' mégo! » qu' j'y dis, frèr', v'là pour toi.
    J' n'eus souvent qu'un' chiqu' pour gala...
    J' fais les bouts d'cigar's, et voilà!

Vous en dout'rez p't-êtr', pourtant j' mets pas d'orgueil
    A vous avouer qu' dans mes ballades,
Des dam's du grand monde ont voulu m' fair' de l'œil,
    Et me pousser des rigolades...
    Chaqu' fois, les couvrant d' mes dédains,
J'ai répondu : « moi, manger l' bien d' vos gandins?..
    A Chaillot!... souris, Métella!... »
    J' fais les bouts d' cigar's, et voilà!

uand j'entends quéqu'un m' prôner mossieu Roch'fort
  Comm' le roi d' la démocratie,
1! malheur!... que j' dis, nommez-m'en z-un pus fort.
  Les aboyeurs; moi, j' m'en défie..
  Ça fum' l'impérial jusqu'au bout !
vec eux autr's y a rien à fair' du tout :
  Viv'nt les gens à grand tralala !
  J' fais les bouts d' cigar's, et voilà !

ais, j'y réfléchis : je vous tiens là l' bec dans l'eau
  Sans vous narrer l' but de ma visite...
viens pas vous d'mander d' fair' parti' du Caveau,
  (Malgré qu' j'y r'connaiss' du mérite!)
  R'passez-moi seul'ment vos londrès :
ec vos bouts ma Nonor' f'ra florès !·
  Et puis vous r'prendrez vos lanla....
  J' fais les bouts d' cigar's, et voilà !

Fr. VERGERON,
Membre titulaire

LE RÉTAMEUR

Air : **Vaudeville de Fanchon.**

J' suis fier d'une industrie
Utile à ma patrie !
Petits et grands,
Bourgeois, marchands,
Enchantés d' mon ouvrage,
Prônent partout avec ardeur
L'éclat d' mon rétamage....
Voilà le rétameur !

Aux cuillers... plats... fourchettes,
Dans beaucoup de guinguettes,
Je r'donne un brillant
Séduisant ;
Et l' pauvre, que ça flatte,
Croit manger, comme un grand seigneur,
Dans d' la vaisselle plate....
Voilà le rétameur !

Chez plus d'une cocotte,
Où tout est camelotte,
  Comm' sa vertu,
  En fer battu,
 J' rétame avec adresse,
Et l' pigeon, fort peu connaisseur,
 S' dit l'Arthur d'un' duchesse....
  Voilà le rétameur !

Croyant d'un' cuisinière,
Qu'il avait pour tout faire,
  L'usag' dangereux,
  Un bon vieux,
 M'appelle... et, de c' brave homme
Voulant dissiper la frayeur,
 J' la rétam'!... faut voir comme !...
  Voilà le rétameur !

Dernièr'ment un' grand' dame
En secret me réclame
  Pour un objet,
  Dont elle avait
 Détraqué l'embouchure...
(C'était un noble irrigateur)
  J'en soignai la soudure....
  Voilà le rétameur !

J' vends plus d'un accessoire
D'un usage notoire,
　　J' tiens l' robinet
　　Au grand complet.
　Hier, une jeune veuve
M'en prit un, qu'en homme d'honneur,
　J' lui vendis à l'épreuve....
　　Voilà le rétameur !

　J' rétam' tout... la passoire...
La cass'rol', la bouilloire,
　　　Vieux chaudrons
　　　Et vieux écussons.
　J' parierais... tant j'ai d' chances,
R'mettre à neuf, sans r'proche et sans peur,
　Le fond d' maint's consciences !...
　　Voilà le rétameur !

　J' fis un peu d' bien sur terre,
Et, grâce à Dieu, j'espère,
　　　Que d'ici-bas
　　　Je n'irai pas
　　Pour besogne dernière,
　De Satan, ce damné chauffeur,
Rétamer la chaudière....
　　Voilà le rétameur !

A. SALIN.
Membre honoraire

LE RÉMOULEUR

Air : *A quatr' pour un sou les Anglais*

Joyeux gagn'-petit, artisan rémouleur,
    J'arrive du fond d' la Lorraine,
Ayant le soleil pour uniqu' protecteur,
    Et l'hirondelle pour marraine.
    Vrai juif errant en tout' saison,
Je march' toujours et je port' ma maison,
    A la façon des escargots.
    — A r'passer ciseaux et couteaux !

Mes frais n' sont pas lourds, chacun sait ça. Mais dam
    Il faut bien qu'ici je l' déclare :
Depuis qu' Paris est doté du macadam,
    Le grès n'est pas d' venu très-rare.
    De mon sabot, à p'tits filets,
J'arros' ma meul' sans m'informer jamais
Si c'est d' la Dhuys que m' vienn't les eaux....
    — A r'passer couteaux et ciseaux !

La rou' que du pied je tourne incessamment
  N'est pas celle de la Fortune ;
C'est dire assez qu'mon escarcelle souvent
  S' distingu' par absenc' de pécune.
  Mais j' prends la chose avec gaîté,
J' suis philosophe et j'ai la liberté
  Que l' bon Dieu fit pour les oiseaux.
  — A r'passer couteaux et ciseaux !

On m' voit tous les jours, du matin jusqu'au soir,
  Aux pris's avec la coutell'rie.
C'est moi qu' Figaro charge de son rasoir,
  Mais ce barbier, par drôlerie,
  Dit que l' fil est à contre-sens,
Et qu' c'est pour ça qu'il écorche les gens....
  Faut croir' qu'il prend la taille à faux.
  — A r'passer couteaux et ciseaux !

A nous autres gueux, courbés par le travail,
  L' plaisir d'obliger l' pauvre monde.
Si quelque ménag' m'apport' son attirail
  Sans qu' chez lui roul' trop la pièc' ronde ;
  J' fais ma tâche, et quand vient l' paiement,
J' suis pas un turc et c'est bien facil'ment
  Qu' j'abandonne la moitié d' mon taux....
  — A r'passer ciseaux et couteaux !

On dit qu'il existe une institution
    Où, dans chaque œuvre théâtrale,
On coupe, avant la représentation,
    Tout c' qu'est contraire à la morale...
    Au train dont notre siècle va,
J' s'rais pas fâché d'avoir cett' pratique-là ;
    J'aurais bientôt terre et châteaux.
    — A r'passer ciseaux et couteaux !

Faut bien que j' l'avoue : en qualité d' Français,
    J' suis pas insensible à la gloire.
Mais si l'on voulait mon avis, moi, j' dirais
    Qu' cell' de la guerre est illusoire.
    J' voudrais n'émoudre désormais,
Transformés en instruments de la paix,
    Que les engins d' nos arsenaux !...
    — A r'passer ciseaux et couteaux !

Lucien MOYNOT,
Membre associé.

LE SALTIMBANQUE

Air de *La Treille de sincérité*.

    Il ne manque
    Pas d' saltimbanque,
Et depuis le haut jusqu'en bas
On en rencontre à chaque pas.

C'est surtout dans nos grandes villes
Que, de toute part, on peut voir
Des gens industrieux, habiles,
Adroitement, matin et soir,
Escamoter montre et mouchoir.
Opérant d'une autre manière,
Que de financiers tous les jours,
Sans gobelets ni gibecière,
A la Bourse nous font des tours.
    Il ne manque, etc

Grâce à son casque et son costume,
Mangin, ce célèbre blagueur,
Savait fixer sur le bitume
Tout un public admirateur,
Ses boniments faisaient fureur.
De même, dans mainte assemblée,
Les beaux habits, les mots ronflants,
Font souvent réussir d'emblée
Des sauteurs et des ignorants.

  Il ne manque, etc.

Les badauds, depuis longues dates,
Souvent s'empressent d'accourir
Au spectacle des acrobates,
Qui sur des tremplins vont bondir
Et se disloquer à plaisir.
Mais soudain ils font la grimace
Aux flatteurs qui, devant les rois
Sautent toujours, comme Paillasse,
Pour avoir de l'or, des emplois.

  Il ne manque, etc.

Des charlatans infatigables
Annoncent dans tous les journaux
Qu'ils font des cures... incurables,
Et possèdent pour tous les maux
Certains ingrédients nouveaux.

Si l'on en croit maint pauvre hère,
Tel remède qu'on dit certain
Leur produit l'effet ordinaire
De la poudre à perlimpinpin.
      Il ne manque, etc.

Parmi le beau sexe on nous vante
Cette bayadère en maillots,
Qui, dans son adresse étonnante,
Peut, en se plaçant sur le dos,
Porter n'importe quels fardeaux.
La femme à barbe au gros corsage,
Que l'on dit être un vieux sapeur,
Puis enfin la femme sauvage,
Dont le nom, certe, est bien trompeur.
      Il ne manque, etc.

Bref, plus de scrupule en affaires,
C'est à qui se gêne le moins ;
Nos marchands, vrais Robert-Macaires,
Ayant de luxueux besoins,
Sur l'honneur sautent à pieds joints.
Ils disent, préparant leur chute :
A quoi servirait d'en gémir ;
Au bout du fossé la culbute,
C'est le moyen de s'enrichir.

Il ne manque
Pas d' saltimbanque,
Et depuis le haut jusqu'en bas,
On en rencontre à chaque pas.

LYON,
Membre titulaire

LA SIRÈNE DES BOULEVARDS

Air : *Un jour Lucas trouva Thémire.*

Par flânerie et par hygiène,
De la Bastille, bien souvent,
Je vais jusqu'à la Madeleine,
Au hasard et le nez au vent.
Dans ce long parcours qui serpente,
Et qu'indifféremment j'arpente,
J'ai rencontré plus d'une fois
Une fillette dont la voix
Devant tous les cafés amène
Une quantité de jobards,
Et qu'on appelle la Sirène,
La Sirène des boulevards.

Pauvre, souffrante, résignée,
Pâle, maigre, trist toujours,
Mais toujours propre, bien soignée,
Sur les plus modestes atours,
Elle porte, en guise d'écharpe,
Une grande, une grosse harpe,
Plus lourde que la pauvre enfant,
Et qui l'écrase en l'étouffant.
Cette petite Bohémienne,
Qui va chantant de toutes parts,
Oui, c'est elle, c'est la Sirène,
La Sirène des boulevards.

— Ah ! devant le café d'en face
Elle s'arrête, nous aussi,
Courons vite y prendre une place.
— Garçon, nous déjeûnons ici.
Dieu ! quel regard elle me jette....
Et mais... peut-être la pauvrette
Chante, je frémis d'y songer,
Sans même boire ni manger....
Si j'osais... Non, son front de reine
Semble rougir sous mes regards.
C'est qu'elle est fière la Sirène,
La Sirène des boulevards.

Quel est ce bruit ? Miséricorde !
D'où me vient cet agacement ?

Ah! c'est sa harpe qu'elle accorde....
S'il faut juger par l'instrument...
Mais non, écoutez! elle chante...
Se peut-il! quelle voix touchante..
Ce n'est qu'un souffle seulement;
Mais si doux, si pur, si charmant...
Cette voix, son charme m'entraîne.
Que j'adore ses sons mignards;
Qu'elle chante bien, la Sirène,
La Sirène des boulevards.

Mais quel est ce miracle étrange?
Ses doigts de fée, en la touchant,
Comme feraient les doigts d'un ange,
Tirent de la harpe un doux chant.
Écoutez bien, tout s'harmonise,
Par elle tout se divinise...
Même la harpe, aux sons discords,
Ne rend que de tendres accords;
Comme une harpe éolienne,
Elle a perdu ses sons criards
Sous le souffle de la Sirène,
La Sirène des boulevards.

Elle a quinze ou seize ans à peine,
Que peut lui réserver le ciel?

Ah ! peut-être bien, pour la scène,
Est-ce une future Rachel !
Et même, elle pourrait encore,
Si le temps rendait plus sonore
Sa voix qui nous électrisa,
Devenir une Thérésa.
Car nous vîmes la tragédienne
Et la diva des alcazars
Commencer comme la Sirène,
La Sirène des boulevards.

Mais, ô douleur ! le chant s'arrête,
Et la voilà, la voilà qui
S'approche pour faire la quête....
— Ah ! ces dix francs ! donnons les-lui.
Qu'a-t-elle ?... Son regard m'effraye !
— Monsieur, je n'ai pas de monnaie,
Me dit-elle, d'un air bien doux.
— Mon enfant, gardez tout pour vous.
En me remerciant à peine,
Mais l'œil humide, et sans retard,
J'ai vu s'éloigner la Sirène,
Et j'ai quitté le boulevard.

CLAIRVILLE,
Membre titulaire

AUTRE SIRÈNE

Réponse de mademoiselle LILI, dit MOU de VEAU, à son amant POLYTE, qui venait de lui dire : *Allons, viens ma Sirène.*

AIR : *Je vais revoir ma Normandie.*

Pourquoi donc qu' tu m'appell's sirène,
Me donn's tu c' nom-là par mépris ;
J' sais ben qu'à nos voix, par centaine,
Les homm's s'arrêtent dans Paris ;
Mais c' n'est pas not' form' qui les tente
Ni le charme de not' chanson,
Car aucune de nous ne chante,
Ni n' se termine en queu' d' poisson.

Un' sirène est un' créature
Fabuleuse et qu'on voit rar'ment,
Ell' n'est femm' qu' jusqu'à la ceinture,
C' qui nous plairait médiocrement ;
Je cherche en vain la ressemblance,
Car not' sort leur est interdit ;

. . . . . , ...
Que, comm' femm' la sirèn' finit.

Filles de la mer, les sirènes
N' connaissaient pas nos amoureux,
Gredins qui vivent d' nos fredaines ;
Nous ne travaillons que pour eux ;
Oui, si nous nous donnons tant d' peines,
C'est pour nourrir ces polissons ;
Et, quoiqu'on nous appell' sirènes,
C' n'est pas nous qui somm's les poissons.

CLAIRVILLE,
Membre titulaire.

LE TONDEUR DE CHIENS ET DE CHATS

Air à faire.

Au Moulin-Vert où s'épanchent les cœurs,
   On ne voit que de francs visages,
Et, dans ces lieux afin d'être meilleurs
   Les plus gais y sont les plus sages.
Mais je l'avoue, à ma honte, vraiment,

Sur mon front passe une nuée :
L'esprit ne peut qu'être récalcitrant
   Aux mots d'une chanson donnée.
Quoi ! vous voulez sur les chiens et les chats,
   Qu'en vers je fasse une harangue ?
Non, non, messieurs, cela ne se peut pas :
   Je viens de leur jeter ma langue.

Hier en foulant les dalles du Pont-Neuf,
   Taillant tout seul une bavette,
De songes d'or, par hasard, j'étais veuf,
   Je me sentais l'âme inquiète,
Lorsque, soudain, j'entendis une voix
   Partant du fond d'une boutique,
Je m'arrêtai : le vieux tondeur, je crois,
   Faisait un cours de politique

Quoi ! vous voulez, etc.

Je n'ai jamais ouï rien de pareil
   Chez nos irréconciliables ;
Des passions il prêchait le réveil
   Et nous vouait à tous les diables !
Il était là, juché sur son tréteau
   Véhément comme une rafale ;
De la révolte agitant le drapeau
   Au nom de l'humaine morale !
Quoi ! vous voulez, etc.

Ah ! disait-il, en un parler brutal,
  Si je recommençais ma vie,
Sur l'homme seul, riche appoint social,
  Je fonderais mon industrie !
Dans tous les temps et dans tous les pays,
  Comme au triste siècle où nous sommes,
La nuit toujours protège les bandits,
  Et plus rares se font les hommes.
Quoi ! vous voulez, etc.

Il écorchait les rois, les empereurs,
  Dans la fange il traînait leur gloire,
Et, retraçant leurs fautes, leurs erreurs,
  Il insultait à leur mémoire :
Monter bien haut, briller d'un vif éclat
  Que sous vos pieds tremble le monde,
Pour qu'un beau jour, un rustre, sans mandat,
  De bave et de fiel vous inonde !
Quoi ! vous voulez, etc.

Si j'étais né pour de pareils combats
  J'aurais vaincu le sort, je pense ;
J'eusse inventé l'art de tondre les rats
  Qui rongent notre belle France !
Ah ! je vieillis, et de l'ambition
  Le cri, jamais ne m'importune !

Je veux quitter ma terrestre prison
  Sans faire des trous à la lune.
Quoi ! vous voulez, etc.

J'ignore, hélas ! si j'ai bien pris le ton
  Qui sied à tout bon camarade ;
Et, s'il le faut, je demande pardon
  Pour cette ennuyeuse cascade.
Ne soyez pas trop durs pour ces couplets ;
  Je sais le mal qu'on peut en dire !
Épargnez-moi, de grâce, vos sifflets ;
  C'est la liberté qui m'inspire !
Quoi ! vous voulez sur les chiens et les chats
  Qu'en vers je fasse une harangue ?
Non, non, messieurs, cela ne se peut pas :
  Je viens de leur jeter ma langue.

PAUL LHOMME,
Membre associé.

LE VITRIER

<small>Air des Gueux.</small>

Oh! vitrier!
Dans chaque quartier,
On m'entend crier :
Oh! vitrier!

Sur le vitrier qui passe,
Il est plus d'une chanson ;
Sans que cela me tracasse,
Moi, je chante à ma façon.

Oh! vitrier!
Dans chaque quartier,
On m'entend crier :
Oh! vitrier!

Comme Bias, dans l'Attique,
Qui portait tout avec lui,
Moi, je porte ma boutique,
Sitôt que le jour a lui.

 Oh! vitrier!
Dans chaque quartier,
On m'entend crier :
 Oh! vitrier!

Ma boutique n'est pas grande,
Mais j'ai su bien l'assortir;
Je fournis oute commande :
Voyez, faites-vous servir!

 Oh! vitrier!
Dans chaque quartier,
On m'entend crier :
 Oh! vitrier!

Pour ceux qui n'ont rien à craindre,
J'ai des verres transparents;
Pour ceux que tout peut atteindre,
Des verres bien différents.

 Oh! vitrier!
Dans chaque quartier,
On m'entend crier ·
 Oh! vitrier

J'ai des vers pour les poètes,
J'ai des vers pour les pêcheurs,
Des verres pour les lunettes,
Des verres pour les buveurs!

    Oh! vitrier!
Dans chaque quartier,
On m'entend crier :
    Oh! vitrier!

Comme je pose une vitre,
Je sais poser un baiser;
Les femmes, sur ce chapitre,
N'ont rien à me refuser.

    Ah!... vitrier!...
Dans chaque quartier,
Toutes de crier :
    Ah!... vitrier!

Sont-elles sur la défense,
Voyez d'ici le tableau ;
Honni soit qui mal y pense,
J'entre en cassant un carreau.

Oh! vitrier!
Dans chaque quartier,
On m'entend crier :
Oh! vitrier!

En bon chrétien, le dimanche,
Je m'en vais avec ferveur,
Afin que ma soif s'étanche,
Dans les vignes du Seigneur!

Oh! vitrier!
Dans chaque quartier,
On m'entend crier :
Oh! vitrier!

Mes désirs, en politique,
On doit les connaître assez :
C'est ni roi, ni république,
Mais tous les carreaux cassés !

Oh! vitrier!
Dans chaque quartier,
On m'entend crier :
Oh! vitrier!

Dans les chasseurs de Vincennes,
Surnommés les vitriers,

J'ai pris part, aux avant-scènes,
A maints combats meurtriers !

    Oh ! vitrier !
Dans chaque quartier,
On m'entend crier :
    Oh ! vitrier !

Si pour franchir la frontière,
Le voisin se préparait,
En tapant sur son derrière,
Le vitrier redirait :

    Oh ! vitrier !
Dans chaque quartier,
On m'entend crier :
    Oh ! vitrier !

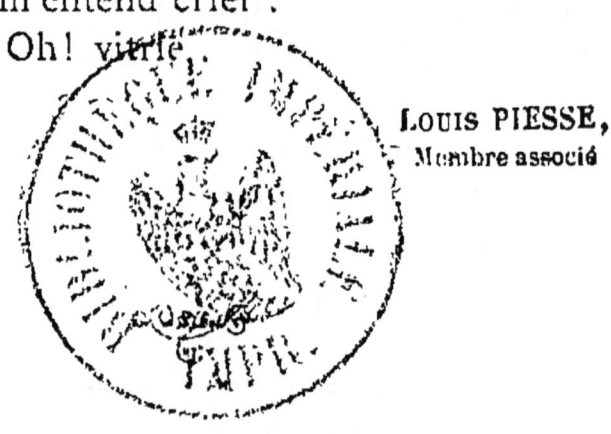

LOUIS PIESSE,
Membre associé

Pages

ALLARD-PESTEL, MEMBRE TITULAIRE.
Le Marchand de Plaisir 87

DE BLAINVILLE (Jules), MEMBRE TITULAIRE.
Le Marchand de Parapluies. 76

BOUCLIER, MEMBRE TITULAIRE.
Le Marchand de Journaux. 70

BROUSMICHE, MEMBRE ASSOCIÉ.
L'Allumeur pour les étalages. 7

BUGNOT, MEMBRE TITULAIRE.
Histoire d'un Marchand des Quatre Saisons. 89

CABASSOL (Justin), MEMBRE HONORAIRE.
Le Décrotteur. 34

Pages

CLAIRVILLE, MEMBRE TITULAIRE.

La Sirène des boulevards 119
Autre Sirène 123

DU BUC (L. Debuire), MEMBRE CORRESPONDANT.

Le Marchand de Peaux de lapins. 81

DUVAL, MEMBRE ASSOCIÉ.

Le Marchand de Coco 65

DUVELLEROY, MEMBRE ASSOCIÉ.

Le Commissionnaire 27

FLAN (Alexandre), MEMBRE TITULAIRE.

L'Homme au Télescope 44

FORTIN, MEMBRE CORRESPONDANT.

Le Marchand de Cartons à chapeaux. 59

FOUACHE, MEMBRE ASSOCIÉ.

Le Marchand de Contremarques 67

GRANGÉ (Eugène), MEMBRE TITULAIRE.

Allocution du Président 5
Le Crieur public 30

HÉGUIN DE GUERLE, MEMBRE ASSOCIÉ.

Les Joueurs de Vielle 53

JULES-JUTEAU, MEMBRE TITULAIRE.

Le Marchand de Marrons 73

LAGARDE, MEMBRE HONORAIRE.

Les Harpistes piémontais 41

	Pages
LAGOGUÉE, MEMBRE TITULAIRE.	
La Marchande de Bouquets	56
LEFEBVRE, MEMBRE ASSOCIÉ	
Le Porteur d'Eau	100
LEVAILLANT, MEMBRE CORRESPONDANT.	
Le Raccommodeur de Porcelaine.	103
LHOMME (Paul), MEMBRE CORRESPONDANT.	
Le Tondeur de chiens et de chats	124
LYON, MEMBRE TITULAIRE.	
Le Saltimbanque	116
MAHIET DE LA CHESNERAYE, MEMBRE TITULAIRE.	
Le Marchand de Paillassons.	84
MONTARIOL, MEMBRE ASSOCIÉ.	
Le Joueur d'Orgue.	48
MONTMAIN, ANCIEN MEMBRE ASSOCIÉ.	
Le Marchand de Verres cassés	94
MOYNOT, MEMBRE ASSOCIÉ.	
Le Rémouleur.	113
PARISET, MEMBRE ASSOCIÉ.	
Le Carreleur de souliers	21
PIESSE, MEMBRE ASSOCIÉ.	
Le Vitrier	128
O. DE POLI, MEMBRE ASSOCIÉ.	
L'Arracheur de dents	11

Pages

PROTAT (Louis), MEMBRE TITULAIRE.

Le Chiffonnier 24

RUEL, MEMBRE ASSOCIÉ.

Le Balayeur et la Balayeuse. 16

SALIN, MEMBRE HONORAIRE.

Le Rétameur. 110

THÉVENOT, MEMBRE CORRESPONDANT.

Le Marchand de Chansons. 62

VACHER, MEMBRE TITULAIRE.

L'Ouvreur de Portières. 96

VASSEUR, MEMBRE TITULAIRE.

Le Marchand de Robinets 92

VERGERON, MEMBRE TITULAIRE.

Le Ramasseur de bouts de cigares. 106

VIGNON, MEMBRE TITULAIRE.

L'Écaillère 37

VILMAY, MEMBRE TITULAIRE.

Le Bouquiniste. 18

PARIS. Typ. JULES-JUTEAU et FILS. Passage du Caire. 29 & 31.

www.ingramcontent.com/pod-product-compliance
Lightning Source LLC
Chambersburg PA
CBHW060151100426
42744CB00007B/986